O INTERESSE PELAS COISAS

Eduardo Villela

O interesse pelas coisas

© Moinhos, 2016.
© Eduardo Villela, 2016.

Edição:
Camila Araujo & Nathan Matos

Revisão:
LiteraturaBr Serviços Editoriais

Diagramação e Projeto Gráfico:
LiteraturaBr Serviços Editoriais

Imagem de capa:
Flavio Emanuel

Capa:
Lily Oliveira

1ª edição, Belo Horizonte, 2016.

Nesta edição, respeitou-se o
Novo Acordo Ortográfico da Língua Portuguesa.

V735o
Villela, Eduardo | O interesse pelas coisas
ISBN 978-85-92579-09-8
CDD B869.3
Índices para catálogo sistemático
1. Contos I. Título

Belo Horizonte:
Editora Moinhos
2016 | 112 p.; 21 cm.

Todos os direitos desta edição reservados à
Editora Moinhos
editoramoinhos.com.br
editoramoinhos@gmail.com

Sumário

Um beijo na madrugada, 7
O interesse pelas coisas, 9
A profissão de papai, 21
Os primeiros dias, 27
O homem do rap, 37
Olavo Pontes, 49
Genética, 60
Um bom motivo, 64
Devaneio de poeta, 74
O futuro do planeta, 82
O aviador, 88
A pedra portuguesa, 93
A Guerra da Córsega, 97
Manutenção, 104
O fim das inversões, 107

Um beijo na madrugada

É madrugada na delegacia da rua de casas e prédios baixos em Oswaldo Cruz. É madrugada na favela mais próxima, onde um garoto é baleado. A madrugada leva a notícia para o rádio do inspetor Leandro, que está na escuta. Naquela madrugada.

Leandro tem o ouvido atento às notícias ruins e o olhar parado na TV, que passa as propagandas do intervalo comercial do filme, sem som. Ele troca para um canal de jornalismo, que mostra um violino. A legenda diz que aquele instrumento fora feito à mão, em 1755. Após anos de procura, a polícia de um país europeu encontrou-o e prendeu o dono atual. Novo close no violino, que agora brilha à luz, ressaltando a perfeição de suas formas e qualidade nobre da madeira. Leandro já não ouve a escuta, nem a TV, que continua sem som.

Uma música começa a se espalhar. É a "Ária na Corda Sol", que lentamente invade a delegacia, como se fosse água. O som dos violinos não sai do rádio da polícia, nem da TV. Vem da manhã em que a mãe e a avó levaram Leandro ao

Municipal para ver a orquestra tocando Bach. Um sábado de sol e nuvem de infância.

Depois do concerto, elas foram com ele a uma famosa casa de doces, a Cavé, e pediram chás e um folheado delicioso para Leandro. A avó deu um beijo em sua testa quando ele terminou de comer o folheado. Elas pagaram a conta e entraram no táxi, sentadas uma de cada lado com ele no meio, no banco de trás. O táxi levou-os de volta para a casa onde moravam.

A mãe de Leandro e sua avó já não existem mais. Daqui a umas horas, o garoto baleado na favela também não mais existirá. Daqui a minutos, policiais entrarão de novo aqui, na delegacia. E com eles, talvez, alguns meliantes.

Quando chegar a manhã, Leandro irá para casa, dormir.

Os crimes, seus registros com ou sem soluções continuarão existindo, funcionando, como uma máquina que não para, enquanto ele dorme.

Ele voltará a fazer parte dessa máquina. Mas só depois de acordar, almoçar, tomar banho, ver um pouco de TV, e jantar uma lasanha aquecida no forno de microondas. E, na delegacia, ficará novamente na escuta do rádio, que trará para ele assaltos, furtos, assassinatos, estupros, brigas familiares, guerras entre traficantes, guerras entre a polícia e o tráfico.

Porém, em determinado momento da madrugada, a mãe e a avó vão passar pela delegacia, dar as mãos a ele, sentar-se uma de cada lado, e levá-lo de novo ao Teatro Municipal, onde assistirão e ouvirão, atentos, à "Ária na Corda Sol", de Johann Sebastian Bach.

Eles seguirão para a casa de doces, onde Leandro vai escolher o melhor folheado da vitrine, e então a avó dará um beijo em sua testa. Um beijo molhado de chá. Um beijo que o garoto da favela também recebeu da avó, mas não sentiu.

E Leandro de novo vai para casa, dormir.

O interesse pelas coisas

I

Quando começo a escrever me interesso mais pelas palavras que pelas coisas. Meu negócio é construir frases como um jogo de quebra-cabeças sem imagem a ser formada. Tudo tem que encaixar bem. O que vem a partir daí é consequência. Dá pra comparar com o interesse por alguma mulher. Até hoje, todas as vezes, me preocupei primeiro com a beleza e a formosura. Depois vem o resto: personalidade, inteligência etc. Não considero o significado das coisas menos importante, pelo contrário. O enredo e tudo que ele proporciona são sagrados demais para você manejá-los com total consciência ou racionalidade quando escreve um conto ou romance. E quando corre o risco de se apaixonar é bom não acreditar que o que está ali, de fácil acesso pros sentidos mais conhecidos, será pra onde vai se guiar o seu leme.

Procuro cuidar das palavras porque me dão uma sensação de controle, mesmo que ilusória às vezes. Quanto ao que se referem, o que tem de saboroso também tem de fluido e fugaz. As palavras tentam ser como a corda de um vaqueiro. A história que vou contar é justamente sobre perder o controle das coisas e ser levado pelos acontecimentos. A coisa começa quando eu tinha uns 14 anos, em um mergulho na praia da Ferradurinha, Búzios. O mar ali era bem calmo, meu irmão, uma prima e alguns amigos conversavam com a água na altura da barriga. O sol estava encoberto e até batia uma brisa, mas enfiei a cara na água e fui ao encontro deles. Quando cheguei ao grupo, todos concordavam que o mar estava gelado e o tempo esfriava. Mas eu não sentia frio. Nem a água como gelada. O que senti foi como se alguma coisa tivesse se descolado. Uma sensação de "sei lá", difícil de definir. Era como se quase tudo que sempre fiz sem pensar, desde conversar com alguém até ter uma opinião guardada sobre um filme, agora precisasse de um guia ou manual de instruções. Deu uma pane no meu sistema operacional.

Não adiantava tentar pedir ajuda, porque não sabia o que estava acontecendo e muito menos como me comunicar sobre isso. Deitei para dormir naquela noite pensando em como nada fazia sentido. Só que para isso eu precisava fazer sentido. Então dormi.

II

Acordei com minha mãe dizendo que já era tarde e fazia bastante sol. Cheguei à areia e o calor me fez mergulhar. Ao sair da água, fui para onde ela conversava com um casal de tios.

Deitei sobre uma canga e fechei os olhos. A conversa era sobre produtos de supermercado que vinham aumentando de preço. Depois passou para um programa de TV, um sequestro ocorrido no Rio na semana anterior, então derivou na quantidade de buracos que havia na estrada para a Região dos Lagos.

Comecei a ter uma angústia parecida com a da véspera. Pra mim não era importante o programa de TV, o sequestro ou os buracos. Mas alguma vez o havia sido? Parecia que sim. Será? O que mudou então? Se eles começassem a falar algo do meu gosto, agora, eu ainda estaria interessado? Música, filmes, por exemplo? Digamos que sim.

Levantei e fui para perto de Gabriela e Felipe, que jogavam frescobol. Sentei e fiquei assistindo. Depois de um tempo Gabriela perguntou se eu queria jogar no lugar dela, porque estava ficando cansada. Tá beleza, falei.

Peguei na raquete e comecei a rebater. Depois de uns 10 minutos, Felipe disse que ia mergulhar. Pela reação do meu irmão, ignorando o meu problema, pensei: nada mal, continuo jogando razoável, fazendo o meu papel. Um pouco animado, concluí que eu não estava agindo estranhamente, senão os outros perceberiam. O que me deu uma primeira pista: seja lá qual negócio estava se passando comigo, o próprio queria se esconder.

À noite, Gabriela, Felipe, meus tios, minha mãe e eu fomos à Rua das Pedras, que concentrava restaurantes, bares e lojas. Depois de andarmos um pouco, a porção adulta do grupo entrou em um restaurante de frutos do mar, enquanto minha prima, meu irmão e eu fomos sobrar pela noite adolescente de Búzios, tropeçando de leve nas pedras que pavimentavam o chão das ruas.

Quando chegamos ao trecho da via que encontrava a orla, demos com as pessoas da véspera no mergulho da Ferradurinha – dois amigos de Gabriela e a irmã de um deles. Todos se conheciam pelo menos de vista, porque estudávamos no mesmo colégio no Rio. Eu tinha três anos a menos que meu irmão, dois que minha prima e um a mais que Clarisse, a irmã de um dos amigos de Gabriela, que eram da mesma série que ela no colégio.

O grupo seguiu em direção a uma lanchonete. Por sermos quase da mesma idade, Clarisse e eu nos vimos na obrigação de tagarelar a dois enquanto os outros, mais velhos, seguiam um pouco mais à frente. Por aquele pequeno percurso, não mais do que uns 200 passos, uma espécie de insegurança inédita invadiu meu corpo como se fosse um fantasma. Íamos puxando um assunto atrás do outro emboladamente pra não cair a conversa, enquanto eu contava os passos mentalmente.

Fui ficando mais à vontade por ela gostar de falar, mas me assustou o fato de, pela primeira vez na vida, gelar só porque teria que bater um papo com alguém. Parecia que se a conversa caísse aconteceria uma tragédia, ou um "Armageddon", como em um filme que passava na época no cinema.

III

No dia seguinte, o grupo encontrou-se novamente na Rua das Pedras. De lá, partimos para um cais e sentamos na madeira sobre o mar, à noite.

•Conversa vem e o povo começou a falar sobre bandas de rock. Era a deixa para um assunto que me interessava, eu poderia exibir meus conhecimentos. Havia aprendido a tocar violão há mais ou menos um ano e era minha obsessão de estimação. Gostava de incorporar novas músicas e ir a shows, conversar sobre isso. Só que, estranhamente, ingressar naquele diálogo, agora, era como entrar subitamente em uma estrada de limite 300 de velocidade. Com exceção de Clarisse, todos tinham idade mais avançada que eu. Dois, três anos na adolescência são como mais de quinze quando adulto, em matéria de experiência e permissão para falar coisas interessantes. Naturalmente eu teria algumas dificuldades. Em condições normais de temperatura e pressão eu diria alguma coisa genial pra ser em seguida ridicularizado pelos mais velhos. Ou, na hipótese de isso não acontecer, um silêncio seria decretado logo após minhas palavras, colocando uma pausa constrangedora como ponto final do meu raciocínio. Bom, era o que vingava naquela época quando eu, com 14 anos, me manifestava no meio de um povo de 16 pra cima.

Mas o que aconteceu foi que calei antes de falar. Cadê a vontade de me fazer presente em ideia praquela turma, ou qualquer outra que fosse? Daí pareceu sair a segunda pista pro meu problema. A maioria das pessoas precisa se mostrar presente, vangloriar-se em grupo como se ao redor houvesse um bando de espelhos. É como dizer – olha aqui, estou vivo – e se exaltar com isso. Eu estava privado desse negócio.

No retorno ao ponto do ônibus que nos levaria de volta a Geribá, onde estávamos hospedados, me vi de novo conversando com Clarisse. E, na primeira vez que o assunto caiu, não aconteceu a tal fissura no chão. Em vez disso, um beijo. Não era o primeiro da minha vida, mas foi importante para mostrar que o pavor real na conversa a dois, em vez de ser a abertura da grande cratera aniquiladora no solo, era no peito. Beijar alguém pode ser sinônimo de ficar muito próximo. Um silêncio no meio de uma conversa também. Mas tudo permaneceu bem fechado, provavelmente mais ainda. Depois da despedida de Clarisse, angústia. A sensação de estar indo num caminho de completo isolamento. De que o beijo foi feito para aproximar, mas de um jeito perverso pode funcionar muito bem no sentido contrário. Um silêncio numa conversa: toma aí um beijo. Perguntas um pouco mais pessoais, lasco aí um beijo. Começava a criar uma receita. Se você quer ser a anticoisa, simule a coisa. Quer se afastar, finja que está muito ali. Represente o papel. Aprenda o seu script no espetáculo do mundo. E se você não é, pareça ser muito. Ninguém vai perceber. Poderá até engabelar a si mesmo e aplaudir-se em muitos momentos. Mas não exponha uma ferida em carne viva. Tenha sempre à mão um grande e invisível pacote de *band aid*.

IV

Eram férias de verão e no meio da semana vieram dois amigos encontrar comigo na casa do meu pai, no Leblon, pra jogarmos um pouco de bola na praia. Quando anoiteceu, voltamos para a casa dele. Depois de passar pela garagem para lavar os pés, subimos de escada porque o apartamento, alugado, era logo acima, no primeiro andar. Meu pai estava ali desde a separação oficial, há coisa de um mês.

Comemos um lanche que ele ajudou a preparar e, em vez de safarem logo dali, Roberto e Gustavo ficaram conversando comigo com a porta da cozinha pra área comum aberta. Pareceu-me estranho não irem embora logo, pois foi com essa menção que abri a porta. Sentamos na escada.

Não lembro o que falamos. Só da bola que Rodrigo ficava jogando sem muita força na parede, pra quicar no chão e retornar. A impressão de que tudo o que diziam era importante pra eles, mas não para mim.

Finalmente foram embora. Entrei e dei de cara com o meu pai segurando um asséptico bucal. Já viu, que eu comprei? Ele disse. Vi, só que com o preço disso deve dar pra comprar uma semana de jornal. Ele não respondeu. Entrei no quarto e me preparei para dormir com calor porque não tinha ar condicionado, só um ventilador portátil. Não consegui de cara, então me ajeitei deitado com o almofadão da cama-sofá atrás da cabeça. Abri um livro.

Ler um livro bom me dava a impressão de ser uma pessoa especial. Mas, naquela época, em vez disso, a leitura me levava pra um lugar especial. Gostava muito de ler no ônibus. Talvez por ser uma locomoção e não uma locação-fim, o transporte público me distraía menos do pequeno paraíso proporcionado.

Finalizei o livro no dia seguinte, pouco antes do ponto de ônibus na Urca, onde saltei para almoçar na casa da minha mãe. Depois parei pra ouvir um pouco de música e dormir. Acordei com o despertador que havia programado a não esquecer da aula de *jiu jitsu*, que começaria às 19h, perto da casa do meu pai. Não gostava muito do *jiu jitsu*, mas parecia ser o que todos faziam naquela época. Depois da luta, jantei com meu pai na casa dele.

V

O tempo passou e nada de sumir a sensação de deslocamento e inadequação. Parecia perigoso. Será que acostumaria a sempre me sentir estranho no meio de outras pessoas? E a solidão uivante, quando ficava sozinho? Era isso o normal? Tomei gosto por querer "alugar" personalidades, como a de um ativista negro em um filme que vi com a família do meu pai, no cinema. Ou a do personagem que aparentava ter tido problemas parecidos com o meu, num livro de um escritor mineiro.

O inverno veio ameaçando chegar até que se instalou. Foram três meses particularmente frios e com a friagem vinha a preguiça de tirar, colocar a suéter. Como tudo o mais.

Poucos antes de as frentes frias e massas de ar polar chegarem pra valer, parti um dia da casa do meu pai pra praia carregando uma prancha de surfe que havia surgido no quarto. Tomei um caixote e a quilha quebrou. A prancha era do meu irmão ou de um amigo dele, mas ele nem ligou. Nunca consertei aquilo e também nunca mais voltei a pegar onda de surfe.

Já com o violão e a guitarra era diferente. Sempre queria mais e mais, embora não tenha me movimentado quando, por exemplo, o suporte da correia arrebentou. Passei a tocar sentado porque não tive interesse em consertar.

Um dia, no colégio, apareceram duas psicólogas pra fazer testes vocacionais com a turma, porque era hora de definir para qual área cada aluno iria no segundo grau: humanas, tecnológicas ou bio. No fim de uma semana de testes, uma delas me chamou num canto e disse que eu estava muito sensível.

Resolvi comentar o assunto com o meu pai. Já havia abordado esse tema estranho com ele antes, mas o coitado já tinha muitos problemas para conseguir me ajudar naquele momento.

Veio a Copa do Mundo e com ela as bebedeiras. A cada jogo ganho pelo Brasil, a regra era ir pra rua Ataulfo de Paiva, no Leblon, na altura do bar Clipper, onde ficava a multidão e no meio dela meus amigos e conhecidos do colégio. Embora já tivesse tomado um porre ou outro, a embriaguez ainda tinha sabor de novidade, além de cortar qualquer inibição social.

Eu andava ficando com uma menina um ano mais nova no colégio. No primeiro dia de jogo a comemorar, parei num boteco da rua Afrânio de Melo Franco, quase esquina com a Ataulfo. Tomei uma garrafa de cerveja de 600 ml sozinho, ansioso pelo resultado, e fiquei pensando em encontrar com ela.

Em vez da Manuela foram dois amigos que vi no meio da multidão. Circulei um pouco com eles. Todos estavam bem alegres com a vitória do Brasil. Uma hora antes, durante o jogo, tentei me convencer de que torcia e ficaria empolgado com o gol, mas que merda, não consegui.

Quando fui mijar, desencontrei do Mariano e o Douglas. Então andei bastante, esbarrei, passei por gritarias, tentei me alegrar, comprei latinhas de cerveja, dei alô pra conhecidos, mas nada de encontrar Manuela. Novamente dei de cara com meus dois amigos, pra depois de alguns minutos me perder deles e andar sozinho pela multidão, de novo.

A noite foi passando e as ruas ficando cada vez mais vazias. Então deu vontade de passar mais um tempo com o Douglas e o Mariano. Agora tinha muito mais latas amassadas no chão que gente.

Já com a festa terminada, deu vontade de voltar pra casa. Andei até a rua Bartolomeu Mitre, virei à direita e fiquei esperando o ônibus. Nada. Sem dinheiro pra um táxi. A primeira vez naquela situação, sozinho de madrugada na rua sem ter como voltar para casa.

Não podia dormir no Leblon porque meu pai estava viajando. Então atravessei Ipanema, Copacabana, túnel e parte de Botafogo a pé, até a Urca. A caminhada de duas horas madrugada adentro era um bom cenário para como eu estava me sentindo beirando os 15 anos de idade.

VI

Por aqueles dias eu frequentava muito a casa de um amigo do colégio, Fernando, que era bom em computador antes da invasão da internet. Um tipo extrovertido, que contrastava muito comigo. Era interessante como tinha facilidade pra se comunicar com todo mundo, especialmente com as garotas, embora não apresentasse um biótipo apreciado pela maioria delas.

Eu invejava a desenvoltura dele. Para mim não adiantava nada ter boa aparência se você não sabia se portar. Isso não estava em jogo às vezes no contato com as garotas, mas por si só era ruim sentir-se inseguro.

Ficávamos jogando seus *games* por bastante tempo, na casa dos pais dele na Gávea. Havia uma brincadeira no computador que conseguia especialmente prender minha atenção, o futebol americano. Jogar esse jogo era seguir um conjunto de regras e linguagens totalmente diferente do meu estranho mundo habitual. Um novo cenário para agir, sem me preocupar em como fazê-lo, porque quando se está aprendendo a andar tudo é permitido.

Foi como me senti quando meus pais em comum acordo me enfiaram num avião pro Canadá. Um casal de amigos da minha mãe embarcou para doze dias e lá fui eu com eles. Comecei a gostar já na chegada ao aeroporto de Toronto. Se você não está em paz com tudo a que está acostumado, experimente um ambiente com novos códigos. A própria língua, completamente diferente, ajudou. Uma bela mudança de cenário.

No segundo dia de viagem, durante o café da manhã, uma tia da excursão comentou comigo e o grupo que eu parecia o filho dela, muito acanhado, tímido, sem coragem para andar sozinho. Foi a deixa para eu me virar. A partir daí comecei a rodar sempre sem a companhia do casal de amigos da minha mãe, gostando da solidão estrangeira.

Uns dias depois, assim como naquela copa do mundo de futebol, teve outra vez que me perdi completamente de todos na multidão sem ter como voltar pra um abrigo. Foi em um show gratuito na praia de Ipanema, perto do fim do ano. Eu havia combinado de dormir na casa de um amigo do colégio, mas desencontrei de todos. Como já era de madrugada esperei o dia amanhecer, tomei café na padaria e peguei um ônibus pra casa. Não me preocupava mais tanto em ter sempre alguém por perto.

VII

Dali a mais alguns dias, eu teria a primeira experiência realmente significante com uma mulher. Já havia beijado dezesseis meninas na vida, mas quando me ataquei com Alice numa festa de casamento à qual fui com meus pais percebi que o beijo na boca pode ser prazeroso. Apaixonei-me por Alice alguns dias depois que comecei a namorar com ela.

Isso foi pouco tempo depois que meu pai me chamou pra um canto e disse: olha, voltei a sair com sua mãe. A reunião deles bateu em mim como se fosse uma decisão do tipo "Se está ruim dessa maneira, pode ficar menos da anterior. Vamos tentar?". Meu pai, no caso, havia ficado mais desguarnecido de sua prole por ter saído de casa, embora meu irmão às vezes dormisse por lá e eu pulasse o tempo todo de um poleiro pro outro. Parecia que eles uniam-se de novo só para ter sempre os filhos por perto, ou porque não havia nada melhor a fazer.

Com a paixão por Alice começou a vir um esquecimento de mim mesmo. Concluí mais tarde que a solução para não realizar e sofrer a separação dos meus pais, invocada em nível inconsciente, foi não ser mais eu. Naquele dia na praia, em Búzios, outro cara assumiu o meu lugar, enquanto eu passei a ficar escondido atrás de uma pilastra para não ver as coisas.

Esse "outro cara" tentava dialogar o tempo inteiro comigo para saber como fingir que sou eu. De vez em quando eu, que me chamo Breno, era convidado a sair um pouco do esconderijo e dar uma olhada pelo mundo, como no dia em que conheci Clarisse em Búzios e tive que conversar a dois pela primeira vez depois da pane, ou outras situações em que me vi intimado ao confronto com a realidade. Sair de trás da pilastra me provocava pânico, como ser exposto sem pele à luz de um sol a pino.

Depois daquele período voltei a me interessar pelas coisas do dia a dia. Passei a sofrer de outras questões, agora com diversas e sofisticadas máscaras herdadas para encobrir sensibilidades um tanto exacerbadas às vezes. Todo mundo tem problemas e essas coisas rendem outras histórias. Mas só dá para contá-las focando, primeiro, nas palavras.

Ou tudo continuará solto e sem sentido.

A profissão de papai

Quando menina quis saber o que papai fazia. Era sempre um mistério, a porta do escritório trancada. Mamãe me distraía e não deixava nem chegar perto da maçaneta. Papai saía do escritório para almoçar conosco, sempre meio calado, e, às vezes, segurando a valise preta, deixava o apartamento para voltar só dali a algumas horas. "Aonde papai foi, mamãe?" "Pra uma reunião de trabalho, querida." "Ele vai demorar?" "Acho que não..."
Não saber com o que papai trabalhava foi crescendo assim como uma coisa normal pra mim, algo que sempre esteve ali no meio do caminho. Tanto que as garotas na escola diziam o que o pai delas faziam e eu inventava uma coisa qualquer: advogado, cobrador de ônibus, médico. Eu não precisava saber com o que papai trabalhava ou, melhor que isso, a profissão de papai era misteriosa e por isso mesmo mais bacana que todas as outras. Minha família não tinha nada de diferente ou errado, as demais é que eram monótonas. E papai, sempre calado.

Um dia, resolvi perguntar a ele em que trabalhava. Movida não por curiosidade, mas por aproximação, peguei-o pelo braço no meio da sala em uma de suas saídas do escritório, numa manhã em que mamãe tinha ido na feira – e ele quase caiu sentado no sofá. "Hã? O quê? Pergunte pra sua mãe." "Tudo bem, papai, tudo bem", respondi. Eu tinha 13 anos de idade.

Resolvi que ia mesmo perguntar a ela. Muita coisa já havia pensado sobre a profissão de papai, mas o que mais se aproximava da verdade, para mim, era um espião. Se fosse detetive particular, acho que não precisariam esconder de mim. Será que era araponga ou algo do gênero? Pelo que ouvia falar existiam caras que faziam serviço de espionagem pro governo brasileiro. Mas como então mamãe sabia? Não teria que esconder dela também? Ela podia ser cúmplice dele, porque volta e meia entrava no escritório e saía para levar pacotes ao correio. Talvez ele recrutasse mamãe como um disfarce para missões secretas muito sigilosas.

Mamãe saía lá de dentro carregando pacotes pardos superembrulhados, com tamanho de documentos ou livros. E morria de medo que eu chegasse perto. Então, para mim, parecia mesmo algo perigoso o trabalho de papai. Na época em que cresci, quando o Brasil ainda vivia numa Ditadura Militar, havia também as chamadas atitudes transgressoras. Não deixaria de gostar de papai se ele trabalhasse secretamente para o Governo, mas preferia que fosse um tal transgressor, porque eu achava os militares mal-humorados e mandões. Será que ele era um guerrilheiro disfarçado?

Comecei a suspeitar isso, mas ele não saía vestido como quem vai fazer transgressão nem tinha amigos perseguidos pelo Governo, só se fosse uma coisa muito secreta mesmo. Perguntei a mamãe, à noite, e ela desconversou. Na época, alguns intelectuais faziam isso sem pegar em armas ou andar disfarçado. Um deles era pai de uma amiga do colégio, e diziam cochichando que já tinha sido até torturado. Será que papai já havia sido torturado? Não adiantava espernear para eles me contarem, porque era quase como uma coisa sagrada ou tabu. Mas um dia resolvi seguir ele. Decidi que merecia conhecer a profissão de papai.

Meu colégio ficava pertinho de casa, na rua Bambina, em Botafogo. Na véspera, ouvira papai dizendo que tinha que sair para ir ao Centro no dia seguinte, às 10h. Então fugi na hora do recreio e fiquei esperando, agachada atrás de uma árvore, ele sair do prédio. Antes, lembrei de entrar no banheiro de um restaurante e trocar de blusa pra não chamar atenção com o uniforme da escola. Também tirei a saia escolar e coloquei uma calça jeans. Pontualmente papai saiu do prédio, com sua valise preta, e foi andando em direção ao ponto de ônibus. Então a condução parou e ele subiu, junto com outros passageiros. Esperei todos entrarem e também entrei, sem ele ver. Naquela época ainda se ingressava por trás nos ônibus do Rio. Quando subi, ele já tinha passado pela roleta e eu sentei nos bancos do fundo. Papai nunca foi uma pessoa que olhava muito pros lados ou pra trás, isso contava a meu favor.

O ônibus seguiu por Botafogo, Flamengo, Glória e entrou no centro da cidade. Papai saltou próximo ao Largo da Carioca, desci sem ele perceber e lá fui eu andando alguns metros atrás. Fui seguindo ele pela **Rua da Carioca** até chegar na **Praça Tiradentes**, onde entrou num edifício muito alto e fino, que parecia deslocado entre os sobrados que o cercavam. Entrei também e me escondi atrás de uma pilastra enquanto papai pegava o elevador, mas não deu para saber o andar, só que ele ia saltar entre o 13 e 17, porque era o que marcava em cima. Fiquei um pouco frustrada e aguardei. A porta se abriu de novo, desceram algumas pessoas, me enfiei junto a outras e perguntei ao ascensorista: "Por acaso o senhor saberia dizer pra qual andar foi aquele homem magro, de óculos, nem alto nem baixo que entrou agora há pouco?" "Hã? Por que você quer saber, minha filha?" "Porque é meu pai. Combinei de encontrar com ele e não lembro o andar" "Como ele era mesmo?" "Magro, de óculos, cabelo preto mas um pouco careca já" "Ah, de bigode?". "Isso!". "Hmm, deixa eu pensar. Acho que foi para o 13" "O senhor tem certeza?". "Acho que foi isso mesmo." "Obrigada."

Cheguei no 13º e dei com várias portas em um corredor longo e estreito. As únicas com letreiros eram uma de dentista e duas de advogados. Fiquei pensando se esperava papai sair de alguma delas, ou até se tocava a campainha de cada uma para perguntar, mas não ia dar certo, papai ia ficar muito chateado. Além disso, se ele e mamãe soubessem que eu andava investigando aí é que tornariam as coisas muito difíceis para descobrir mesmo. Então me acalmei e fui embora – por sorte, porque em breve eu teria uma pista.

Meu segundo plano foi tirar cópia da chave do escritório. Por isso que foi importante papai e mamãe não suspeitarem da minha curiosidade. Um dia, eles deixaram a chave em cima da cômoda, no fim de semana. Foi fácil levar até o chaveiro que tinha na esquina e pedir para copiar. Aproveitei um dia que papai tinha saído e mamãe descido para a padaria e entrei no escritório. Lá dentro, a persiana fechada deixava tudo muito escuro e o interruptor não funcionava, só o dos dois abajures. Levantei a persiana com dificuldade por ser muito velha, e consegui enxergar melhor. Sem o breu, o que encontrei foi a estante cheia de livros e a mesa limpa, impecável, sem nada em cima a não ser um grampeador, um porta-lápis cheio de canetas e lápis, e a máquina de escrever. Ao lado, uma prancheta de desenho com uma cadeira na frente, colada à janela. As gavetas estavam todas trancadas. O escritório cheirava um pouco a mofo por causa dos livros e enciclopédias velhos. Será que ele fazia mapas nas pranchetas para as operações contra o Governo? Eu já havia entrado ali umas poucas vezes, há muito tempo, mas, como antes, nada de estranho me chamou a atenção dessa vez. Não havia nada revelador, e por isso então que eles não se preocupavam tanto em manter o escritório isolado, só quando papai estava trabalhando.

Ouvi a porta do apartamento abrindo e, quando ia escapar rápido dali, enxerguei embaixo do tapete a ponta de uma folha de papel. Peguei correndo, no impulso, tranquei de novo a porta por fora e levei o papel pro meu quarto, a tempo de mamãe não ver. Fechei a porta à chave e mamãe bateu. "Tudo bem aí, filha?" "Oi mãe, tudo bem, estou só me trocando."

Na folha de papel havia um desenho muito bem feito, quase como uma foto, de algo que só tinha visto parecido uma vez, no banheiro da escola e levado secretamente pela Luiza, uma menina que já fazia um monte de coisa com uns garotos da turma. Era o desenho de uma mulher e um homem nus, a mulher sentada em cima dele. Dava pra ver bem tudo ali, e pra mim eram bem estranhas as coisas dele e dela daquele jeito. Guardei a imagem entre o colchão e a cama, e até hoje tenho ela comigo como um amuleto. Aquele acabaria sendo o primeiro vislumbre da minha futura profissão.

Compreendi com o tempo por que esconderam de mim o trabalho dele quando eu era pequena. Mais tarde, papai me deu muita força na minha carreira. Dizia que eu devia fazer o que quisesse na vida, desde que bem feito, e que foi engraçado eu escolher uma profissão como a dele. Não faço exatamente o que papai fazia, porque ele também ilustrava e eu só escrevo histórias pornôs. Mesmo ainda havendo preconceito nessa área, e com o mercado enfrentando a corrente religiosa puritana que parece renascer com força hoje em dia, sou respeitada e até um pouco famosa na minha profissão. Tanto que eu, meu marido e meus filhos levamos uma vida relativamente confortável. Agradeço a papai ter-me poupado do contato com o erotismo quando eu era mais nova. Talvez teria me assustado.

Ou então, eu acabaria virando uma ninfetinha pervertida e precoce.

Os primeiros dias

Hoje foi meu primeiro dia de funcionário *trainee* da empresa de telecomunicações. A seleção durou uns três meses. Prova e currículo *online*, duas dinâmicas de grupo e entrevista individual. Não entendo por que existem as dinâmicas, por mim a prova e a entrevista bastavam. Queriam ver como eu falo ou como trabalho?

Depois que a coordenadora me apresentou a todos tive que dizer alguma coisa. Não havia pensado em nada, não esperava por isso, achei que fosse só sentar ali e trabalhar. Mas falei: "É um prazer". E foi só eu abrir a boca que um silêncio se formou como uma onda crescente que estourou na forma de algumas risadas discretas. Então a coordenadora soltou algo como podem voltar ao trabalho e foi cada um pro seu curralzinho.

A manhã correu calma porque não tinha nada importante para fazer, só ler uns textos da empresa e aprender um pouco. O escritório fica numa área da cidade em processo de revitalização, e a companhia – ou o presidente da companhia – orgulha-se disso, como se vê em uma grande placa dourada pregada ao lado da porta de entrada do edifício: "A Companhia Telecomines apoia a revitalização do bairro do Sossego etc.".

Então chegou a hora do almoço. São poucos restaurantes na região e a maioria dos funcionários da gerência, talvez por isso, almoça junto. Sugeri que comêssemos em um perto da descida do metrô, numa área ainda não repaginada com uns sobrados mais pobres. A comida é boa, barata e eu conheço porque meu primo que me ensinou a gostar de samba de raiz um dia me levou lá. Mas ignoraram minha dica, e uma garota que já está há um bom tempo na empresa deu um riso estranho.

A fila é enorme pra pegar a comida no restaurante a quilo, e todo dia eles almoçam lá. Comentei que no lugar que sugeri não há fila e a comida é muito boa, mas parece que não me ouviram. Falei de novo que a comida era melhor e mais barata, e um cara sorriu. Depois de uns 7 minutos em pé, esperando, chegou minha vez de pegar a salada, mas eu não gosto de salada.

O meu setor na empresa tem sempre uma mesa reservada no restaurante, e só depois que todo mundo chega da fila do quilo é que se começa a comer. Quando eu sentei um cara comentou "Caramba, você é carnívoro, hein?". Olhei pros outros pratos e todos tinham salada e carne branca, nenhum carne vermelha e linguiça como o meu. "Sabe que o Richard é contra o consumo de carne vermelha?" Richard é o diretor da nossa área. "Não, interessante saber. Cada um na sua", respondi mastigando uma linguiça misturada com pedaço de bife de picanha que tinha vindo no garfo.

* * *

Hoje é o meu segundo dia de trabalho na Telecomines. Estou escrevendo na hora do almoço, no restaurante que meu primo me mostrou perto da descida do metrô no bairro do Sossego, em uma área mais pobre. Aqui tem um filé com arroz e feijão muito bom. Eu almoço muito rápido, normalmente levo uns 12 minutos para comer, mas na empresa todos têm uma hora para almoçar. Como o bairro está sendo revisto, ainda não há muita coisa para fazer por aqui, senão ler ou escrever depois do almoço, como estou fazendo agora.

Antes, quando estava chegando a hora do almoço – aqui na empresa é quase todo mundo pontual, de meio-dia à uma –, sugeri de novo a uns colegas almoçar no lugar que meu primo indicou. "Não tem fila, a comida é melhor e caseira, é mais barato..." Houve troca de olhares e risinhos quando eu disse que é mais barato. "Onde fica?", perguntaram. Mencionei a rua e Rogério, o consultor, falou que é uma área com a qual não é bom se misturar.

* * *

Hoje foi meu terceiro dia de trabalho na empresa e ainda não tem nada importante para fazer. Em compensação, vasculhei todo o *site* da organização e as muitas notícias internas para ver se, já que não estou fazendo nada, aprendo alguma coisa. Aliás, estão todos sempre muito dispostos a ensinar algo, mas não sobre a empresa, sobre a vida. Me parece que o grande professor nessa área é o consultor Rogério. Quando pergunto sobre o trabalho e a companhia ele consegue emendar e me ensinar sobre a vida em vez do que perguntei.

De manhã estava um calor brabo de fim de janeiro e cheguei com a camisa molhada nas costas, onde fica a mochila, e um pouco na frente na altura do peito. Passei pelo curral do Rogério e ele levantou e me chamou até a copa, com cara de quem ia me dar uma dica muito boa.

"Está vendo isso aqui?" Ele levantou a camisa na frente. "Sim." "O que é?" "Uma camisa branca por baixo da outra." "Sabe para que serve?" "Não. Nesse calor?" "É para você suar só na camisa de baixo" "E daí?" "Daí que não aparece, ô espertalhão. *Capite*?" "Ah, não aparece o suor. Mas usar duas camisas nesse calor? Não é insano?" "E você quer chegar aqui com a camisa suada?" "Mas a de baixo vai suar do mesmo jeito..." "Mas não vai aparecer, ninguém vai ver, ô rapaz" "Qual o problema alguém ver, Rogério?"

Ele saiu sem dizer mais nada. A secretária me chamou pelo caminho e disse, em tom de cochicho. "Olha, Gustavo, é melhor você levar em consideração as dicas do doutor Rogério. Ele é uma pessoa muito conceituada aqui dentro e..." Nem lembro mais o que mais ela disse.

* * *

Hoje é o meu quinto dia de trabalho. Já estou muito informado sobre a empresa, mas é ruim ficar sem fazer nada. Agora há pouco levantei e fui até a coordenadora dizer que não estou fazendo nada. Ela pareceu meio tensa, mas depois quis saber: "Você é bom em Português, não?". "Sou sim", respondi. Então enfiou uns relatórios na minha mão e pediu pra eu revisar a parte gramatical.

Será que é normal ficar sem fazer nada nessa empresa? Por que eles contratam gente? Já estou cansado de não fazer nada.

* * *

Hoje é segunda-feira, o meu sexto dia de trabalho na empresa. Depois do almoço o consultor Rogério perguntou por que não como com todo mundo. Expliquei que gosto mais do restaurante perto da descida do metrô, na rua dos sobrados mais pobres. Ele disse então que o importante na hora do almoço são as companhias e é bom integrar-se. Respondi que sempre gostei de almoçar sozinho, é um hábito meu. "Estranho", falou.

À tarde, a coordenadora me chamou prum papo e perguntou se eu estava gostando de trabalhar na empresa. "Não sei", falei. "Como não sabe?" "Não estou trabalhando na empresa." "Como assim, Gustavo?" "Você perguntou se estou gostando de trabalhar. Eu não estou trabalhando. Não estou fazendo nada. Não posso dizer se gosto de trabalhar aqui porque ainda não trabalhei. Só fiquei praticamente lendo os textos e notícias internas." "Gustavo, tudo aqui acontece em etapas." "Eu não estou reclamando. Só estou dizendo que não sei se gosto de trabalhar aqui, porque ainda não trabalhei aqui."

* * *

Hoje, no meu sétimo dia de "trabalho" na Telecomines, tive uma conversa de manhã na área de recursos humanos, marcada pela minha coordenadora. A psicóloga perguntou qual o meu super-herói preferido, eu disse que não sabia porque só gostava dessas coisas quando era criança. Fez muitas indagações sobre a minha vida pessoal, e o que mais estranhou foi quando eu disse que gosto de samba de raiz e por isso tenho interesse na região do Sossego, onde fica o escritório da empresa. Ela não sabia que a área do Sossego foi berço de sambistas precursores nas décadas de 1920 e 1930, como meu primo pesquisador e fã de samba clássico me ensinou. A psicóloga é amiga do consultor Rogério, já os vi conversando muitas vezes, na copa.

* * *

No meu oitavo dia de trabalho na Telecomines ainda não tenho trabalho, mas tenho um apelido: "Pagodeiro". Toda vez que me chamam pagodeiro eu digo que não gosto de pagode, mas sempre lembram que o Rogério contou que eu gosto de pagode. O Rogério é amigo da psicóloga. Estou tendo umas conversas um pouco mais pessoais aqui, mas não com ela. O pessoal estranhou quando falei que gosto de visitar o Jardim Botânico e o Parque Lage. "Isso é coisa de turista, Gustavo." "Mas eu gosto, é bonito." Nunca pensei que um dia eu seria um estranho pagodeiro.

* * *

Hoje, no meu nono dia na Telecomines, uma garota me chamou para almoçar com o grupo. Disse para eu deixar de ser tão tímido. "Não sou tímido", respondi. "Então por que almoça sozinho?" "Porque eu gosto." "A gente fica com pena de você, tem vergonha de se enturmar." "Eu não tenho vergonha de me enturmar. É que prefiro o outro restaurante que fica perto da descida do metrô, na rua dos sobrados mais pobres." "Mas devia almoçar com todo mundo." "Eu gosto de almoçar sozinho." "Você é estranho. Já te disseram isso?" Ela deu a sentença, levantou e foi embora, sem me dar espaço pra resposta. Então eu achei que devo ser meio estranho mesmo. Ou senão, os outros da empresa é que são estranhos e sou normal. Engraçado, nunca pensei dessa maneira.

Depois do almoço, em vez de escrever comecei a ler um livro muito bom.

* * *

Hoje é o meu décimo dia de trabalho na Telecomines. O meu primo pesquisador me emprestou um livro de um escritor chamado Albert Camus. Não sei muito bem a pronúncia, mas é assim que se escreve o nome dele, é francês. Ou argelino, não lembro bem o que o primo me disse. A psicóloga gorda me chamou de novo pra uma conversa e quando perguntou o que eu gosto de fazer falei que estava lendo esse livro, por acaso estava ali com ele. A psicóloga perguntou qual a moral da história, eu disse que ainda não terminei de ler.

Mais tarde, teve uma celebração no escritório pelos aniversariantes do mês, com bolo de chocolate, uns salgadinhos e coca zero. Mas quase ninguém comeu e conversou porque o Rogério tinha comprado um pau de *selfie* e ficou todo mundo tirando foto e brincando com ele. Depois apareceu um ukelelê levado pelo consultor da outra área, acho que o Rogério ficou meio puto com isso. O consultor júnior já sabe fazer alguns acordes. Outro dia vi numa livraria o kit com um ukelelê e como tocá-lo, o pessoal que não tem jeito pra música deve fazer um sucesso com isso. Não é como meu primo, que levou um tempo e se dedicou para aprender a tocar cavaquinho, realmente toca bem. Como quase ninguém conversava comigo, aproveitei para comer mesmo.

* * *

Hoje é o meu décimo primeiro dia de trabalho e já terminei de ler o livro, não é grande. A psicóloga tinha pedido pra eu contar a ela sobre a moral da história quando terminasse, então fui até lá. Expliquei que é sobre um cara que no início perde a mãe e tem um caso com uma mulher. "É um homem bom?", ela perguntou. "Não sei. Na história não fica muito claro", respondi. "O que acontece depois?" "Ele conhece um cara meio esquisito e acaba matando uma pessoa na praia", eu falei. "Então estamos falando de um homem mau, concorda?" "Não concordo nem discordo, realmente não sei." "Ele é preso?" "Sim. Julgado, preso e no final condenado à morte." "Então me responde agora: qual a moral da história?" "Sei lá, esse livro não tem isso..." "Gustavo, presta atenção no que vou dizer, porque é importante. A moral da história é que um homem que mata deve sofrer as consequências. Sem ler o livro já entendi tudo." "Você conhece Camus?", perguntei. "Oi? Pode repetir?" "Você conhece Albert Camus?" "Ah, o autor do livro. Nunca ouvi falar. Mas compreendi pela sua síntese."

* * *

Hoje é meu décimo segundo dia de trabalho, e as sessões de conversa com a psicóloga ainda não terminaram. Ela sempre me pergunta sobre o personagem do livro e eu dou um jeito de desconversar. Mas dessa vez indagou se eu o admiro. Eu disse que no início achei *cool* a indiferença dele em relação a tudo, mas depois não. "Como você achou *cool*? explique melhor." "É difícil explicar, mas às vezes é bacana você ter um ar de que não liga muito pras coisas." "E depois, não ficou revoltado com as atitudes dele? Começar a sair com um bandido e matar uma pessoa?" (ela estava meio irritada). "Não. Em verdade, não." "Como não, Gustavo?" "Não me revoltou, só isso. Pra mim é indiferente." "Por que você não almoça com os outros, que nem todo mundo na empresa?" "Porque eu gosto de almoçar sozinho na rua dos sobrados, perto do metrô." "O Rogério disse que viu você fumando outro dia depois do almoço. Você é fumante?" "Eu gosto de fumar às vezes." "Saiba que isso faz muito mal."

* * *

No meu décimo terceiro dia de trabalho ainda não tem quase nada pra fazer. Mas por outro lado as pessoas não ficam mais falando comigo e fazendo brincadeiras à toa. Podem ter se acostumado com a minha presença. Ou talvez, não.

* * *

No meu décimo quarto dia na Telecomines fui pedir trabalho e a coordenadora disse que tinha que conversar comigo e fechou a porta conosco na sala. Eu já vinha sentindo um clima meio estranho, então suspeitei sobre o tom do que viria. Mas a conversa foi um pouco longa, e inclusive ela tirou da gaveta um relatório preparado pela psicóloga e me mostrou. O relatório dizia entre outras coisas que eu deveria procurar ajuda profissional. A minha coordenadora falou também que eu não me encaixava no perfil da empresa, fora um erro me contratar, e me demitiu.

* * *

Hoje já faz dez dias que fui demitido da Telecomines. Fiquei um tempo sem escrever, pensando numas coisas. Passei a tarde na casa do meu primo, que está elaborando uma tese de doutorado interessante pelo que me contou. Perguntei o que ele acha disso tudo, da minha demissão e da psicóloga insistente no livro que eu estava lendo coisa e tal. Tenho vontade de matar ela. "Não tenha", ele disse, e depois completou: "A vida é uma sucessão de absurdos, bem como Camus defendia". E voltou a se concentrar na tese e escrever. "Por que me emprestou o livro do Camus?", perguntei, interrompendo a concentração dele.

Depois de suspirar meu primo me disse: "Porque você às vezes é meio estranho, como o personagem do livro". "Estranho como? Acha que também não tenho caráter, como ele?" "Não é isso. Suas convicções ainda não estão formadas, claras para você." "Mas como isso vai acontecer se não me dão uma chance?" "Se essa chance não aconteceu na Telecomines é porque ali não era seu lugar. Era tudo absurdamente sem sentido pra você, como o mundo é absurdo pro personagem do Camus", ele disse. "Você disse antes que o mundo é absurdo para todos", falei, e ele respondeu: "Não. Cada um enxerga seus absurdos."

O homem do rap

I

A figura do homem em preto e branco com um olho vidrado, à parte do resto. Os dedos compridos e arqueados como pernas de bailarinas pisando sobre as cordas. O violão desbotado, como a parede do quarto.

Levantou da cama, pegou os livros e saiu pro curso noturno. Na descida, o dono da venda parou-o, pôs a mão em seu ombro:

"Pedro, você era disparado o melhor de todos. É muito estranho. Desanima não, garoto."

"Obrigado, seu Severino."

Os livros pesavam na mão. Era o que restava agora – descer a ladeira, andar, estudar, estudar, estudar, e um dia ser explorado, explorado, explorado. Não ficara nem entre os três primeiros no concurso de *rap* da Associação dos Moradores. Tinha certeza que ganharia, mas fora ingênuo.

A letra do *rap* vencedor era rasa e passageira, como tudo o mais. Nem a escolha da base rítmica salvava. No dia do concurso, foi como tomar um banho gelado no auge de um momento criativo. Assim são as coisas.

O toque da campainha tirou-o do devaneio. Pedro pegou os livros e levantou em meio à barulheira, sem falar com ninguém. Química, física e matemática por algum motivo davam a ele concentração para criar suas letras e rimas. Dessa vez, só escrevera desenhos desconexos, como a figura do homem do *blues* no quadro em seu quarto.

Na subida da ladeira foi parado de novo.

"Fala, Pedrão. Toma uma cerva comigo?"

"Valeu, Tonho. Tenho que estudar."

Aquele ali trabalhava desde os 14. No tempo em que jogavam bola todo dia, Tonho já podia gastar o dinheiro com namorada, algum tênis, birita. Era um caminho perigoso, que nunca pegou Pedro. Não sabia se por medo do próprio ofício, da porrada que tomaria do pai, pedreiro na época, ou do esporro da mãe, faxineira. Nunca foi por ali.

Chegou em casa e olhou de novo pro quadro que Tonho deu pra ele, depois de ficar largado um tempo na boca, entregue por um viciado pé-rapado. Um dia fora do seu avô. Depois rodou por aí até finalmente encostar na boca. O avô Waldemar, fã de *blues*, era um cara que vivia fora da realidade. Em vez de curtir samba, bolero, frevo, qualquer coisa, pirava em *blues*, entoado há milhares de quilômetros.

O avô gostava de escrever, como ele. Há uns anos, a mãe entregou-lhe um caderno com histórias do seu Waldemar. Algumas ele dizia inventadas, outras não e, por fim, havia as com chance de ser verdade. Como a breve história do homem na parede. Começou a ler.

II

O Homem do Blues

Robert morava perto do tocador de blues Willie Brown, no delta do Mississipi. Um rio que canaliza quase tudo que presta e não presta nos EUA. Willie, Robert Patton e Son House deram uma sacaneada no garoto. Veio todo alegre com seu violão meio triste e foi só gozação. Também, os três eram o diabo no violão e o moleque parecia tocar meio fora do eixo. E tocava mesmo.

III

Pedro acordou com o sol da janela no rosto e o caderno jogado no chão, esperando. Já havia lido outras histórias do avô, nenhuma interessante. Mas aquela, sabia lá por que, parecia querer ser lida – com raiva do avô, que escrevia aquelas merdas. Como as merdas que ele próprio escrevia, que não ganhavam nem o concurso do boteco da esquina. Olhou de novo pro quadro desbotado no raio do sol, o olho vidrado.

Foi à cozinha, tomou um copo d'água. Por que o avô era fã de *blues*? Voltou pro quarto, abriu a gaveta do armário, pegou uma das duas fitas velhas. 40 faixas gravadas, sendo 29 originais e outras 11 regravações de um tocador de *blues*, Robert Johnson. Colocou no som da mãe. O homem na parede, então, começou a choramingar.

Deixou o som tocando e saiu pra rua. Na descida, encontrou Tonho.

"Pedro, bora tomar uma cerva?"

"Agora não dá. Tô indo pegar minha irmã na escola. Minha mãe, também, pediu pra dar um jeito na casa."

"Porra, relaxa, Pedrão. Tô querendo levar uma ideia contigo há um tempo. Coisa rápida. Tá cedo ainda."

"Tá, tudo bem."

Subiram. Quando entraram, fez-se silêncio e alguns alôs reverentes. Tinham algum respeito pelo poeta e *rapper*.

"Vem comigo, me ajuda a trazer o isopor pra fora. Tem umas geladas ainda porque ontem rolou festinha."

"Tá querendo trazer ele pro seu lugar, Tonho?", perguntou um deles.

"Cala a boca, mermão."

Sentaram protegidos do sol e ficaram até o fim da tarde.

À noite, ao chegar do curso noturno, bateu em Pedro a depressão de sempre. A mãe se matando de trabalhar, a irmã pequena. O pai que pouco via. Falta de futuro e uma lamúria que parecia não ser por causa de nada disso. Coisa sem motivo e, por isso, sem solução. Abriu o caderno.

IV

O blues é o triste alegre. Uns dizem que é celebrar tristeza, mas não é isso. É pegar a matéria da tristeza, ou seja, o sentimento, e transformar em algo bonito e, por isso, alegre. O samba também é bom, mas eu gosto mais do blues porque nele a esperança está no próprio jeito de tocar, não nas letras. Podem me chamar de lunático, mas vou continuar focando na história do cara que revolucionou a tocada do blues, responsável pelo sucesso do Elvis Presley, Chuck Berry e muitos outros do rock que vieram por aí.

V

A conversa com Tonho:

"Pedro, sabe que seu avô era um cara sabido?"

"Se fosse teria tido vida melhor."

"O que é vida melhor? A que eu levo, por exemplo?"

"Teria dinheiro, sucesso."

"Vamos voltar ao assunto. Seu avô contava pra rapaziada as histórias do *blues*, dos poetas lá do Mississipi, vida sofrida como a nossa aqui."

"Bem que ele podia focar nisso, na nossa vida, aqui."

"É, mas não focou. Tinha a cabeça em outro lugar."

"Isso mesmo."

"Dizia que a história lá no Mississipi era parecida, de gente que sofre preconceito. Cor, pobreza, o que for. E havia as inundações do rio."

"Mais fácil era ele olhar pro que está em volta. Aqui também tem tragédia."

"Pedro, o que quero dizer é que seu avô, como você, dava valor à poesia, cultura, essas coisas."

"Essas coisas não levam a lugar nenhum, Tonho."

"Porra, cara, foi seu primeiro concurso de *rap*. Já vai desanimar assim de primeira?"

"Você viu a merda que ganhou o concurso?"

VI

O rádio era vacilante. Son House, Willie Brown e Charlie Patton tocavam nas redondezas e eram os músicos que Robert mais respeitava. O dia mais importante na história da música moderna que vem do norte do planeta foi aquele em que, por volta de 1930, Robert Johnson pegou o violão, começou a cantar e foi ridicularizado pelos três. Isso porque pra ele foi como um desafio, vou explicar por quê. Uma coisa boba, que acontece com qualquer iniciante, mas depois que os músicos mais velhos gozaram com a cara dele,

Robert sumiu. Dizem que bandeou sozinho por aí, aparecendo em algumas vilas e cidadezinhas.

VII

"Seu avô falava muito do Robert Johnson, o cara do quadro que te dei. Que vendeu a alma pro diabo e começou a tocar bem."
"Não foi bem assim. E o quadro já foi do meu avô."
"Eu sei. Ele contava que o tal do Robert chegou numa encruzilhada e fez uma troca. Na verdade, é como vocês que leem e escrevem chamam, uma jogada da linguagem. Como é a palavra mesmo?"
"Metáfora?"
"Isso aí. Quero te propor isso, uma metáfora. Há quanto tempo a gente se conhece, Pedro?"
"Dez anos."

VIII

Depois de um tempo, Robert apareceu de novo na cidade de Robinsonville. Agora ele praticava um estilo que usava uma batida empolgante junto com outra coisa completamente diferente, ao mesmo tempo. O violão parecia uma orquestra. Nas cordas altas o toque quase percussivo, de marcação. Nas baixas, uma harmonia melodiosa, meio puxada pra alguns solos ou riffs em duas cordas, enquanto cantava algo que também parecia independente e ao mesmo tempo muito harmonioso com o resto. Ninguém ligava que ele acelerava e retardava o tempo da música ao bem querer, porque o que transmitia era uma mensagem profunda e tocante. O jovem tocador não era só estrábico na aparência, com um olho destoando do resto. "Esse cara parece que tem três cérebros", diziam todos. Son

House, Willie Brown e Charlie Patton concluíram que era, mesmo, um cara fora do eixo. Só que de um jeito extraordinário. Em muito pouco tempo, um ano, talvez, o garoto que tocava meio desajeitado virou o melhor violonista de blues do mundo.

IX

"Pedro, sabe por que entrei pro tráfico?"
"Deixa eu pensar. Dinheiro? Mulher fácil?"
"Cala a boca. Não sabe nada."
"Não faz eu rir, Tonho. Pra levar vida honesta e digna é que não foi. Mas lembro que você começou a ficar mais ausente no futebol, trabalhava de 'avião', levava as encomendas."
"Minha vida nunca foi fácil. Na época, meu pai destrambelhou sério pra birita e minha mãe, doente, não conseguia trabalhar. Tinha que sustentar meu irmão, e você sabe que hoje os dois coroas já se foram."
"Teu irmão hoje leva uma vida muito mais digna que tu."
"Sei disso, não precisa jogar na cara. E quero sair dessa porra, não sei se você acredita."
"Acredito em você, Tonho."

X

A rapaziada dizia que Robert Johnson era mulherengo e dado ao whisky. Devia ser mesmo. Robert não fez "pacto com diabo", porque essas coisas não existem. É estranho um músico passar a tocar tão bem em tão pouco tempo, mas não tão incomum. Dizem que, lá nos seus 18 anos, aconteceu coisa parecida com Eric Clapton, que se inspirou muito nas músicas e no jeito de tocar do Robert Johnson. É difícil um cara ser como Robert Johnson e Eric Clapton, mas existe. A lenda diz que numa encruzilhada o demo propôs que

Robert vendesse sua alma em troca de tocar bem o blues. Eu acredito que um sujeito como o Robert Johnson poderia tocar o diabo se treinasse quase sem parar por um ano. Eu acredito na suprema capacidade de superação do ser humano. Eu também acredito que algumas pessoas vendem a alma ao diabo por alguma coisa. Mas só em metáfora.*

XI

Tonho aumentou o som e chegou a cadeira perto de Pedro.

"Tem um cara da rádio Solar que frequenta a boca. Uma vez por semana vem, fica um pouco e leva alguma coisa. Virou amigo da rapaziada. Semana passada estávamos só nós dois e perguntou sobre a cena musical na comunidade. Eu disse que conheço um *rapper* coisa fina, talento natural. Ele quis saber o nome, pra divulgar. Falei que primeiro tinha que consultar você."

"O que ele quer?"

"Vai ter um concurso pra novos talentos de comunidades. O prêmio é a gravação de um álbum com divulgação na rádio."

"Por que ele quer indicação sua se já vai receber pilhas de *raps*?"

"O cara virou parceiro. Na verdade, vendo mais barato pra ele às vezes."

"O pessoal aí não reclama?"

"Não, porque ele vem sempre. Eu agora, sozinho, ofereci uma cacetada por um preço que é quase uma uva."

"O resto sabe!?"

"Não."

"Por que fez isso?"

"Eu quero sair dessa porra, Pedro. Preciso de um empurrão."
"Que tenho que fazer?"
"Você tem que fazer um *rap* falando do Marcelinho."
"Você não disse que os outros não sabem?"
"Não é bom se arriscar. Olha o meu plano. O Marcelinho está doido pela Renata Baratinha, que mora perto da sua casa. O cara é vaidoso, sempre quis ver o nome em revista, televisão. Meu plano é um *rap* que fale da história dele, como aquela música do Legião Urbana, Faroeste Caboclo."
"Ele não tem medo de ser pego?"
"É doido varrido, Pedro. Você sabe disso. Vai pensar que pode conquistar a Baratinha desse jeito."
"Mas e daí? Depois disso?"
"Eu acho que o produtor da rádio pode fazer o *rap* ganhar o prêmio. Em troca do desconto no pó."
"E você? Como vai se dar bem nisso?"
"Eu sou o intermediário, tive a ideia. Vou ver se o Marcelinho me dá a grana pra eu sair, ir pra uma cidade pequena, bem longe daqui."
"Por que longe?"
"Você acha que é fácil sair assim? Os caras podem achar que vou virar X9."
"O Marcelinho vai concordar com isso?"
"Vai sim. É louco."
"E o cara da rádio?"
"Já dei uma sondada. Acho que vai rolar, sim."
"E eu?"
"Faz isso por mim, Pedro."
"Não decidi."

XII

Existem só 40 gravações de Robert, feitas em três sessões. Duas em um hotel em San Antonio, Texas, em novembro de 1936, e a última em meados do ano seguinte, em Dallas. Dizem que as gravações podem ter sido aceleradas, por dois motivos. Primeiro porque era comum fazer isso na época e, segundo, porque parece quase impossível tocar aquelas coisas todas ao mesmo tempo. Haja coordenação motora. Nos anos 1960, o relançamento de suas gravações fez com que músicos ingleses como Eric Clapton, John Mayall e tantos outros pirassem, dando ao velho tocador de blues uma superfama póstuma. Robert morreu em 16 de agosto de 1938, aos 27 anos. Embora as circunstâncias da sua morte sejam polêmicas, o que se acredita é que um marido ciumento colocou veneno no whisky dele por causa de uma traição, ou mesmo um flerte.

XIII

No dia seguinte, Tonho encontrou Pedro de novo.

"Pedro, qual é mesmo o nome do cara que pintou aquela igreja em Roma, que você falou uma vez?"

"Miguel. Ele pintou só o teto."

"Eu vi na internet a foto da capela. É uma lindeza. Foi uma encomenda da Igreja, que matava um monte de gente naquela época."

"Isso."

"Ele não deixou de ser um artista foda por causa disso. Concorda?"

"Não é a mesma coisa."

"É sim."

"Vou nessa. Tenho umas coisas pra resolver", disse Pedro, sem olhar para Tonho.

Na saída, deu um bico no latão de lixo, que virou em estardalhaço, deixando cair jornais velhos e cascas de laranja no caminho. Marcelinho Maluco passava por ali e disse a Tonho: "Esse cara, sim, é artista."

Antes de ir pro curso noturno, Pedro olhou de novo o quadro de Robert Johnson. Foi ao banheiro e ficou na frente do espelho. Tinha impressão de que também possuía um olho vidrado, como Robert, e que Robinsonville era parecida com a sua favela. Teve vontade de tirar a imagem da parede, quebrá-la. Robert ficou famoso no mundo inteiro depois de morto. Ele ainda tinha a sua chance, em vida.

Na aula de matemática, começou a rabiscar alguma coisa. Conhecia a história do Marcelinho Maluco e só precisava enfeitar um pouco.

Em casa de novo, deu um beijo na irmã antes de dormir. Ela perguntou pela mãe.

"Só vem no sábado mesmo, Gabi", disse.

Deitado na cama, imaginou-se ajudando a mãe e a irmã com a fama, dinheiro. Sabia que era um bom *rapper*. Será que os outros também iam saber disso?

O *rap* sobre o Marcelinho Maluco ficou pronto uma semana depois. Gravou e entregou o CD pra Tonho, que disse: "Cara, obrigado mesmo."

Dali a mais uma semana, saiu o resultado do concurso da rádio Solar e o *rap* de Pedro não ficou entre os primeiros colocados. O sujeito da rádio não apareceu mais na boca. Mas Marcelinho Maluco gostou do *rap*, mostrou pra Renata Baratinha e por fim conseguiu conquistar o coração da moça. Ficou tão agradecido que liberou Tonho e deu algum dinheiro pra ele começar a viver longe dali. Ofereceu também uma grana a Pedro, que aceitou e deu quase tudo a Tonho.

XIV

Pedro tirou o quadro de Robert Johnson da parede, desceu a ladeira e largou-o encostado no muro ao lado de um bar, perto do curso. Um bêbado barbudo olhou e resmungou:
"Robert Johnson, o Homem do *Blues*..."
Mais tarde, deitou na cama com sensação de vazio e ficou parado alguns minutos, olhando o teto. Depois a inspiração veio e começou a esboçar um novo *rap*. Sentia-se contente.
E aliviado.

Olavo Pontes

Atrás do palco do Teatro Municipal e ainda sob o barulho dos aplausos, o repórter aborda Olavo Pontes. Microfone em punho, câmera e luz engatilhados, lança a pergunta.
"Olavo, conversa um pouco com a gente?"
"Sim, claro."
"Três dias de apresentação no Municipal, três noites consagrado..."
"Para mim é uma grande satisfação. Só posso agradecer por reconhecerem o meu trabalho. Me sinto lisonjeado."
"Como é a preparação? Muito treino?"
"Sim. Normalmente são oito horas por dia. E quando tenho agenda a cumprir com novas composições, sobe para dez, onze horas."
"Sobre suas composições. Existe alguma situação específica, lugar, imagem, ou até pessoa que inspira você?"
"Bem... Quando você está compondo, tudo é inspiração! É só estar com a percepção aberta."
"Legal! E pra onde você vai agora, relaxar depois de toda essa emoção?"

"Daqui vou para casa, descansar."
"Algum recado para quem está começando no ramo?"
"Acredite e nunca deixe de praticar."
"Obrigado, Olavo."

O pianista despede-se do repórter e, no caminho para o camarim, dezenas de pessoas param para felicitá-lo ou conversar um pouco. Uma fã afirma que sempre o admirou, mas sua última obra transformou a vida dela. Olavo agradece.

Ao chegar no camarim, toma um copo d'água e respira fundo. Depois despede-se das pessoas e consegue deixar o teatro. Na rua, pega um táxi e pede pressa ao motorista. Em casa, esquenta uma lasanha no microondas e também come apressadamente.

Então, liga a televisão. Faltam poucos minutos. Troca rapidamente de roupa, lava as mãos, senta ao piano e começa a executar alguns exercícios. Nesse momento, as mensagens dos patrocinadores já acontecem na tela, e seu coração bate mais forte que no teatro – quando surge a imagem da arena, Olavo começa a fazer no piano sucessões de arpejos em sentidos opostos, enquanto cada um dos lutadores caminha triunfante para o octógono sob o anúncio efusivo do locutor.

A entrada dos combatentes sempre produz um arrepio nele, e aguarda pacientemente o início da luta. Finalmente o juiz dá a partida e os dois competidores começam a se estudar e a se encarar. Por enquanto, nada no piano.

O lutador de calção vermelho arrisca um chute no bíceps femoral do outro, para provocá-lo. Quase instantaneamente, Olavo produz um acorde maior com sucessões rápidas em oitavas superiores. Tudo em um espaço de tempo de três segundos.

O de calção branco começa a fugir do combate. Enquanto isso, Olavo descreve uma melodia monótona, acompanhada sempre do mesmo acorde. O outro combatente, como que percebendo um momento de distração na guarda, aplica um direto certeiro e o adversário cai, conseguindo levantar rapidamente.

O pianista emprega uma modulação, acelerando também o ritmo e produzindo um timbre emocionante e ao mesmo tempo desafiador no piano. Não lembra de ter percorrido esse caminho antes.

Uma série de pontapés e socos começa a desenrolar-se até que a luta vai ao chão. "Perfeito", pensa Olavo, "aqui cabe um tom pedal." Dali pra frente, a melodia se desenvolve como um adesivo desgrudando suavemente do subconsciente.

O combate termina em cinco *rounds*, com vitória do lutador de calção vermelho, sem finalização. E um rascunho que Olavo considera razoável. Gravara toda a luta na TV a cabo e assiste novamente, parando em momentos cruciais e fazendo as primeiras correções. Seu celular acusa uma mensagem de Maria, que dentro em pouco chegará à casa dele. O pianista troca-se rapidamente e desce, o carro já está parado em frente à portaria. Ela o recebe com um sorriso generoso e tom de voz levemente impostado.

"Olá! Tudo bem?"

"Tudo bem. E você?"

"Perfeito agora. Como foi lá?"

"Um pouco agitado, como sempre em noite de despedida. Mas foi bom."

"Que maravilha, Olavo. Você está com uma cara boa, também."

"É verdade. Para onde vamos?"

"Pensei na gente ir tomar um vinho e comer uma massa. Que tal?"

"Eu já comi alguma coisa, mas pode ser."

No restaurante, pedem uma garrafa de vinho. Maria escolhe uma massa e Olavo, carpaccio de salmão.

"Você ainda está tendo problemas para compor?"

"Nos últimos dias não."

"Sério!? Que bom! Então acabou o bloqueio?"

"É um pouco cedo para dizer, mas tenho conseguido fazer algumas coisas."

"Puxa, isso é ótimo, Olavo. De onde está vindo sua inspiração, depois de tanto tempo? Algo que não me contou?"

"Não, acho que estou mais bem-disposto. Só tenho que descansar bem depois desses dias no Municipal. Vamos embora daqui a pouco?"

"Vamos. Vou pedir a conta."

No dia seguinte, pela manhã, Olavo tinha entrevista marcada com sessão de fotos pra uma revista dominical, no Parque Lage. Há alguns anos, por sugestão de seu agente, fizera treinamento para falar com a imprensa. O estilo objetivo e reservado ajudava. A entrevista correu razoavelmente bem. Criara para si a aura de um músico sério e concentrado, que fascinava por parecer sempre guardar algo que só se revelava, como um vislumbre, em suas apresentações. Um brinde à plateia que, certamente, estava relacionado à sua inspiração para compor.

Olavo Pontes orgulhava-se de ser não apenas um intérprete, ter algo para mostrar completamente novo e que pudesse, segredo dele, comparar a seus grandes ídolos de séculos passados.

Depois da entrevista, em casa, voltou a trabalhar no esboço que fizera na véspera. Agora já não parecia tão interessante, mas havia algo ali. O problema é que teria que esperar até o sábado seguinte para conseguir trabalhar de novo.

No meio da semana, encontrou Maria para almoçar.

"Você já viu o filme 'Amadeus'?", ela perguntou.

"Já. Por quê?"

"Era impressionante como ele conseguia compor em meio a uma situação de caos, quase desespero."

"Dostoiévski também estava devendo até as tripas quando escreveu *O Jogador*."

"É, né? É engraçado porque a gente sempre acha que o artista precisa de uma concentração especial para produzir coisas boas."

"Como assim?"

"É como se precisasse de um certo ritual pra fazer vir a inspiração."

"Você tem que trabalhar sempre. É isso."

"Como você faz?"

"Você diz ultimamente?"

"Sim."

"Eu fiquei um bom tempo sem compor nada. Então, ainda não sei bem."

No sábado de manhã, Olavo acordou de bom humor. Comprou o jornal e foi caminhar na orla de Copacabana, ansioso para que o dia passasse logo. À noite, seria decidido o torneio de pesos-pesados do UFC, uma luta era entre um brasileiro e um americano em que o primeiro era favorito. Na volta para casa, passou no mercado e comprou pastas, torradas para canapé e uma garrafa de *scotch* envelhecido doze anos.

Recusou o convite de Maria para jantar dizendo que queria trabalhar à noite, porque era mais silencioso e melhor para compor. Às dez e meia, colocou o *scotch*, as pastinhas e as torradas sobre a mesa da sala e virou a TV na direção do piano. Preparou o caderno de música e o lápis no suporte sobre o teclado e serviu-se de uma boa dose do escocês, com gelo.

Naquela noite, Olavo tomou sete doses do *scotch*, assistiu à melhor luta da sua vida e teve a impressão de que compôs sua melhor sonata para piano. Estranhamente, os movimentos da música não tinham a menor relação com os do combate. Mas isso não importava.

Foi deitar imaginando a plateia do teatro de Viena ovacionando-o de pé. A *Staatsoper* estava mais linda que nunca, com o vermelho dos tecidos e o reflexo de ouro das luzes. Só se permitia ter esses devaneios sob o álcool, e gozava o momento como uma criança. Porém, um elemento o atrapalhou. Uma pessoa destacava-se das demais, no público. Era Maria. Enquanto todos aplaudiam, ela dizia algo inaudível. Olavo, no sonho, conseguiu ler os lábios dela, que indagavam: "Como você consegue compor?".

No domingo, um programa de canal fechado, de cultura, passava uma entrevista com um crítico de arte. Perguntado sobre o momento da criação artística, ele definiu que "o sublime é um momento raro. Tudo deve estar impecável para a pluma pousar em um solo de seda e tornar-se, com apuro, uma obra de arte. Para compor, é preciso que o ambiente seja de elevação e pureza".

O intelectual enunciou a frase e Olavo logo trocou de canal. Ficou pensando na sentença. Concordava. Ou não? Sempre concordara. Desligou a televisão e deitou no sofá, o olhar fixo no lustre da sala do seu apartamento, que tinha o formato de uma abóbada às avessas, virada para ele e presa ao teto por dezenas de pequenas correntes de aço. "Parece um polvo preso", pensou. Ligou para Maria e combinaram almoçar.

"Olavo, você ainda está misterioso."

"Por que, misterioso?"

"Eu conheço você melhor do que imagina. Ficou quase um ano sem compor nada. E agora me diz que está produzindo coisas 'bem bacanas'. Pergunto como conseguiu e só recebo evasivas."

"Besteira. Estou me sentindo bem, é isso. Aí consigo compor de novo."

"Não é só isso. Você está escondendo alguma coisa. Está saindo com alguém?"

"Não."

"Você está saindo com alguém, sim."

"Não."

"Aconteceu alguma coisa que eu não estou sabendo?"

"Não, não aconteceu nada."

"Aconteceu, sim."

"Está bem."

"O quê?"

"Vou contar por que consegui voltar a compor."

"Como?"

"Você já viu o UFC?"

"Nem sei o que é isso."

"*Ultimate Fight Championship.*"

"Aquelas lutas-livres modernas? Só de relance, por quê?"

"Há uns meses, eu estava em casa no piano sem conseguir produzir nada que prestasse, pra variar. Então, liguei a televisão e estava passando uma luta. Sentei no piano e comecei a me exercitar um pouco, olhando para a tela. A luta foi emocionante e, no final, eu tinha produzido uma sonata extraordinária."

"É isso? Você só consegue compor vendo luta?"

"Isso."

"Já contou pra alguém seu novo método?"
"Não."
"Ainda bem. Já mostrou alguma música que você fez vendo luta-livre?"
"Também não."
"Ainda bem..."

Depois de se despedir de Maria, Olavo passou na locadora e alugou um DVD com lutas históricas. Dali a uma semana, faria três apresentações em Belo Horizonte. Em casa, deitou no sofá da sala e, quando pegou no sono, veio um sonho em que estava agora no Municipal, tocando para uma plateia mais atenta que o usual. De seus dedos saíam lindas harmonias, melodias e pausas nos momentos certos. Até sua respiração parecia integrar-se à música, como um segundo instrumento que imprimia som parecido com o do mar.

Em um ponto específico, a imagem da plateia misturou-se com uma foto do mar de Copacabana que ele tinha pendurada na parede da sala de seu apartamento. Sua atenção então se desviou um pouco do piano, porque queria corrigir aquela figura que estava levemente inclinada. Levantou, virou lentamente o quadro e ouviu de novo o som da respiração, que agora era o som do mar.

O curioso era que, ao fundo, o piano continuava a soar enquanto suas mãos mexiam cuidadosamente na imagem para corrigir a inclinação. Olhou para trás, na direção do instrumento, e o que viu foi perturbador. Um polvo tocava o piano, com a cabeça instalada confortavelmente no banco enquanto quatro de seus tentáculos passeavam pelas teclas. Virou-se novamente na direção do quadro, e agora o que via não era mais o mar. Era a plateia do teatro, aplaudindo com entusiasmo.

Acordou com a imagem do polvo na cabeça e a camisa molhada de suor. Resolveu colocar o DVD dos combates no aparelho, sentou-se ao piano e começou a trabalhar. Quando a luta era ao vivo a emoção era mais forte. Mas ele não tinha mais tempo a perder. Faltava pouco para as apresentações e Olavo Pontes dispunha de alguma quantidade de músicas novas. Só saberia se eram boas mesmo no Palácio das Artes de Belo Horizonte.

No dia do espetáculo, chegou ansioso ao teatro. Havia ensaiado em exaustão as novas músicas e sabia tocá-las com facilidade, sem ajuda da partitura. Mas o verdadeiro teste seria a reação do público, que em Belo Horizonte costumava ser mais exigente.

Como sempre antes de entrar em cena, no camarim, comeu um pouco de comida japonesa, acompanhada de água de coco. À tarde, realizara os testes finais no Palácio das Artes e executara pela última vez, em ordem, todo o programa. Para a segunda parte, final, estavam reservadas as músicas que compusera nos últimos meses, depois do bloqueio. Em vez de sobremesa, pediu apenas mais água de coco. Enquanto aguardava, folheou a revista mensal do teatro. Então, as luzes apagaram e as cortinas abriram. Hora de caminhar para o piano e a plateia.

A primeira parte correu tranquila, com aplausos bastante acalorados entre uma música e outra. O público parecia conhecer bem o repertório. Chegou o intervalo e Olavo seguiu para o camarim. Pegou um exemplar do programa, que na primeira parte listava as velhas músicas já íntimas dele e do público. Na segunda, lia-se apenas "vislumbre em estado virgem – inéditas", em itálico. Engasgou com a água de coco. Aquilo não podia ser verdade.

No caminho de volta ao palco, pensou em executar apenas músicas conhecidas, mas era tarde demais. Não poderia contrariar o programa. Lembrou de Maria perguntando como ele compunha. Lembrou da imagem do polvo, no sonho, enquanto o foco de luz acompanhava os passos dele até o piano.

Antes de descer os dedos ao teclado, sentiu que as mãos tremiam um pouco. Respirou fundo durante dez segundos, procurando se cadenciar. Abriu e fechou as mãos repetidas vezes. Começou a tocar e, quando terminou a primeira inédita, os aplausos não foram nem calorosos, nem secos.

Foi no início da segunda música que algo inesperado aconteceu. Olavo fechou os olhos e teve a impressão de que não era ele quem tocava, mas alguma força estranha que invadia seu corpo. Dali até o final do concerto, entrou em uma espécie de frenesi cujo ápice foi a sonata que havia composto no dia da decisão do torneio do UFC, que reservara para o final. Por alguns segundos, era como se algo pegajoso escorresse entre seus dedos e, em vez de atrapalhar, ajudava a sonata a transcorrer de um modo ultrassensível, com pausas e acelerações em sintonia com a química mais pura e secreta do universo.

A casa quase foi abaixo quando ele terminou. Pela primeira vez, Olavo teve diante de si aplausos que depois de minutos ainda não se acabavam, vindos de corpos de pé hipnotizados de admiração. Percebeu lágrimas em um dos expectadores da primeira fila. Naquela noite, em Belo Horizonte, nunca foi tão difícil deixar o camarim e o teatro.

No dia seguinte, passava os dedos pelos canais de TV, no hotel, quando deu com o mesmo crítico de arte de alguns dias antes, dizendo que a obra dele era "a representação rara do sublime. Como uma pluma que pousa em solo de seda, tudo o que Olavo Pontes toca torna-se uma obra de arte". Quando o crítico ia completar a definição falando em elevação e pureza, o pianista trocou de canal. Passava um programa esportivo, em que o lutador brasileiro vencedor do torneio do UFC contava como fora sua preparação para a *grand finale* no octógono, e que gostava de treinar ouvindo música clássica.

Em poucos minutos, Olavo Pontes caiu no sono.

Genética

Fazia três meses que fora despedido da seguradora. Motivo: a modernidade. Ou o desenvolvimento de "uma inovadora ferramenta tecnológica que promete revolucionar a contabilidade", como explicou o ex-chefe. Uma das manchetes falava de outra inovação inútil criada em Massachusetts. Renato fechou o jornal e atirou na cesta. "Porra, esses caras não têm o que fazer?" Muito dinheiro e tédio, só podia ser isso. O que mais explicava um bando de nerds reunidos num laboratório pra acabar com o emprego dos outros?

Desde que a empresa comunicara que não precisava mais dele como contador, tentava bolar uma forma inteligente de matar aqueles americanos de Massachusetts. Envelope com antrax, bombas, só vinham à cabeça receitas já banais. Não tinha vocação para isso.

Mais urgente era tentar arrumar um emprego. Pegou o jornal de novo. A página dos classificados trazia uma nota: "procura-se contador anão para escritório de advocacia, Copacabana". Única oferta para contadores. Como não era anão, desanimou. Fechou o jornal, ligou a TV e, em seguida, a surpresa retardada: "Por que anão?"

Na manhã da entrevista, apertou o botão para chamar o elevador na galeria da Avenida Nossa Senhora de Copacabana e alguém o cutucou na altura da cintura. Olhou pra trás e o anão de meia idade, calvo, perguntou:

"Esse elevador vai para o 13?"

"Sim, também vou pra lá."

"Obrigado."

Tocaram a campainha, ouviram o rangido de abertura da porta e entraram numa pequena sala de espera onde havia uma mesa retangular de vidro: atrás dela a secretária, e ao lado um outro anão sentado no sofá de três lugares. Logo que se acomodou no sofá, o anão que chegara com ele perguntou:

"Qual o seu nome?"

"Renato, e você, como se chama?"

"Mateus. Pensei que trabalhasse aqui."

"Não. Também vim para a vaga."

Em resposta, um olhar que interpretou como competitivo e preconceituoso. Lembrou de novo dos cientistas de Massachusetts: "Não vou desistir". A porta do escritório abriu e saiu um homem de terno, aparentando uns 40 anos de idade, que cumprimentou os três e perguntou:

"Quem chegou primeiro?"

"Aquele ali, sentado na ponta", disse a secretária.

Os dois esperaram calados, ouvindo o tec tec do teclado da secretária. O homem abriu novamente a porta, despediu-se do primeiro anão e chamou o segundo. Renato perguntou à secretária:

"São só esses candidatos?"

"Hoje, sim. Doutor Roberto está com o dia cheio."

Dez minutos depois, o dono do escritório abriu a porta, despediu-se do segundo candidato e convocou Renato. A sala tinha vista envidraçada, em *fumê*, para outros prédios de Copacabana.

"Então, em que posso ajudar?"

"Vim pra entrevista."

"Como ficou sabendo? Pelo anúncio no jornal?"

"Sim."

"Você leu bem o anúncio?"

"Sim. Vim tentar a vaga de contador."

O advogado parou um momento e respirou fundo, como se preparasse um discurso. Renato olhou os certificados na parede e a mesa toda organizada do jurista.

"Você não se encaixa no perfil."

"Por quê?"

"Não sabe ler direito."

"Ah, por causa do anúncio? Leio muito bem e tenho a qualidade da persistência."

"Ou teimosia. Depende da interpretação."

"Se curiosidade também for qualidade, pode anotar aí."

"Como é seu nome mesmo? Renato?"

"Isso."

"Você tem sorte, porque eu tinha uma reunião que foi cancelada. Qual a sua experiência?"

"Aqui está meu currículo."

Roberto analisou o currículo dele.

"Parece bom, mas você não é anão."

"O que tem isso a ver?"

"Sabe ler Inglês?"

"Sei."

O jurista abriu a gaveta, tirou uma revista científica. Chamou a secretária pelo telefone e pediu que fizesse cópia de um artigo. Entregou a ele, apertou sua mão e disse que desejava boa sorte.

Em casa, a mulher professora de Inglês e o *Google* ajudaram a decifrar o artigo científico, com dificuldade. Uma teoria complexa que "provava", com expressões numéricas, cruzamento de genes recessivos e exemplos de casos – anões são bons contadores. Curiosamente, a pesquisa também fora feita em Massachusetts, como a tecnologia que o desempregara. Renato amassou o artigo e atirou no lixo. Foi dormir irritado com os cientistas de Massachusetts.

No dia seguinte, comprou o jornal e abriu logo na página de classificados de emprego. O primeiro anúncio que leu, por acaso, foi de uma vaga para músico. "Procura-se professor de música para escola particular, albino."

"Músico albino? Eles querem o Hermeto?" – pensou. Ligou o computador e começou a pesquisar sobre genética e música. Com ajuda da mulher que sabe Inglês, encontrou um artigo cujo título era: "A contribuição da genética recessiva dos albinos para a música". Ao longo de seis páginas, os pesquisadores diziam que pessoas albinas tinham habilidade natural para a música. Como argumento, usavam lógica equivalente à da tese sobre os contadores anãos. Eram os mesmos autores.

Depois de ler o texto traduzido pelo *Google*, Renato comprou uma passagem pra Boston, Massachusetts. Aqueles malucos tinham que ajudá-lo a encontrar sua vocação. Ou então, voltaria a pensar no antrax e na bomba.

Um bom motivo

Bernardo contempla as figuras indo pra lá e pra cá. Metade verde, metade preto e branco. Um ponto branco rola, pula, vai lá no alto e cai mais à frente. De vez em quando, em close, um homem correndo preocupado, a respiração rápida, olhando à frente, às vezes para o lado. Outro vem na direção dele, os dois se chocam e a bola salta. O juiz de preto para a partida.

Bernardo está sentado no sofá, a lata de cerveja na mão para não fazer sempre o mesmo movimento de pegá-la na mesa ao lado. Não gosta de futebol. Sua mulher, Clara, está na cozinha e pensa que ele, agora, adora futebol. Quando terminar esse jogo, Bernardo vai procurar outro na TV. Tem que ser futebol.

O objeto em cima da mesinha faz um barulho estranho. Ele o pega meio desajeitado, porque o braço do sofá é mais alto que o móvel, lê a mensagem de Otávio.

"Fazendo o quê?"
"Adivinha."
"Vendo futebol!"

"Acertou."
"Ahahaha"
A mulher continua a cozinhar. Ela gosta de cozinhar, e grita. "Vem aqui provar se está com pouco sal?" "Claro, só esse lance..." Ele dá um gole de cinco segundos na cerveja, engole. Levanta, pega outra na geladeirinha da sala, abre com cuidado, pouco barulho, e deixa na mesinha. Vai na varanda e joga a lata vazia na lixeira. Depois, devagar, anda até a cozinha e prova a comida, que está boa de sal. "Uma delícia!"
A mulher sentada, comendo. Como sempre, Bernardo vai à geladeira, pega um vidro d´água e a garrafa de suco concentrado, põe ambas em cima da bancada. Procura a jarra no armário e coloca ao lado. Agora o açúcar, que despeja em colheradas grandes na jarra antes de entornar o suco concentrado e a água. Então, mexe com a colher comprida e sorri pra mulher enquanto serve o copo dela e o seu.

Os dois jantam quase calados, e no fim ela recomenda: "Não exagera muito no futebol". "Tá bom, pode deixar", ele responde.

Começa a outra metade, que é a melhor parte. Mas o segundo tempo da partida não casa bem com o segundo tempo dele, o intervalo quebrou. Bernardo não tem certeza se vai ter jogo em outro canal depois, nem se programa esportivo de debates convenceria. Vai à cozinha, a mulher não está lá, pega um copinho bem pequeno. No armário da sala, encontra a pinga mineira que compraram na última viagem, despeja três dedos. A cerveja em cima da mesa esquentou um pouco, nem tanto.

* * *

Bernardo faz isso por causa de coisas de mais de vinte anos atrás, o tempo do pai dela, que bebia olhando o nada. Bernardo gosta de tomar ouvindo música, mas música não é nada concreto. Pelo menos não para Clara, porque ele escuta música também vendo nada, parecido com o pai dela naquele tempo.

Toda história tem seu ponto de partida, e o desta foi uma semana antes do episódio acima. Mas é melhor voltar um pouco mais e contar de como Otávio teve a ideia e convenceu Bernardo, no bar.

* * *

"Minha mulher fica com TPM toda vez que bebo."

"Como assim?", pergunta Otávio com cara de curiosidade e deboche, depois de dar impressão de que estava pensando.

"Fica brava, enche o saco, me trata mau."

Otávio parece tentar entender. "Ela sempre faz isso? E fala especificamente sobre a bebida?"

"Às vezes."

Nova expressão de pensamento de Otávio, agora os dois ficam um pouco em silêncio.

"Então, ela não te deixa beber?"

"Às vezes é meio isso."

"Que tal tentar se impor um pouco?"

"Não é tão simples."

"Você pode dizer que quer beber, e pronto."

"Já disse, não é simples. Você não entende porque não é casado."

"Claro que entendo, quase todos os meus amigos são casados. Pensa que nunca convivi com mulher?"

"Não enquanto casado. Todas as mulheres casadas não querem que o marido beba."

"Nem todas, meu caro. Ela já teve problema de bebida na família?"

"O pai dela."

Bernardo conta a Otávio sobre o problema do pai de Clara com a bebida.

"Hum, interessante. A princípio, acho que você precisa de uma tática."

"Como assim?"

"Um motivo, ou álibi pra você beber."

"Que álibi o quê?"

"Vou pensar em alguma coisa."

* * *

Bernardo tem um dia estressante no trabalho, além de sentir ressaca. Passa na livraria, compra um DVD com jogos históricos do Brasil nas Copas do Mundo. As cervejas ele encomenda no bar perto de casa e a cachaça, caso precise, ainda está na metade dentro do armário. Manda uma mensagem pra Otávio: "Odeio ver esta merda."

"Aha, de novo... Mas não está adiantando?"

"Por enquanto, sim. Não sei se vai durar muito."

"Ela não reclama mais?"

"Não."

"Viu? Tem que ter motivo pra beber."

"É, mas acho que ela só reclamava porque o pai era pinguço."

"Aposto que ele nunca criou um motivo."

* * *

Até aqui, tudo bem. Porém, antes de continuar, é preciso voltar uns dez dias, para quando Bernardo conta a Clara que gosta de futebol.

"Amor, já aconteceu com você de se surpreender com uma coisa que nunca prestou muita atenção?"

"Como assim?"

"Algo que a maioria das pessoas fazem e você não dá bola."

"Tipo o quê?"

"Por exemplo: fazer um esporte, correr. Ou então um hobby."

"Comigo já aconteceu de me empolgar com algo que não gostava, mas depois de um tempo volta tudo ao normal. Por quê?"

"Pois é. Naquele dia em que você estava na casa da sua mãe eu fiquei assistindo ao jogo da TV, campeonato brasileiro..."

"Mas nem time você tem, detesta futebol", ela interrompe.

"Não que detestasse, é que não dava importância mesmo."

"Que jogo era?"

"Não importa. O que quero dizer é que achei bom demais ver futebol."

"Assim, sem mais nem menos?"

"É. Não sei por quê, mas foi, digamos, emocionante."

"Estranho."

"Você não imagina como aquilo me fez desanuviar, relaxar das coisas."

"É bom você pensar mesmo em outras coisas além do trabalho. Você trabalha muito."

"Com certeza."

"É, mas lembra então que não pode mais reclamar do barulho dos vizinhos em dia de jogo, falar que futebol é ópio..."

* * *

Três semanas depois que começa a acompanhar os jogos, Bernardo envia mensagem a Otávio.

"NÃO AGUENTO MAIS VER ESSA MERDA!"

"Você tem feito isso sempre?"

"Muito."

"Ainda está dando certo?"

"Queria que ela falasse alguma coisa! Aí eu poderia ver... sei lá, tênis, que acho mais divertido. Ela nem reclama mais."

"Calma, você está perdendo o foco. Onde ela está agora?"

"No quarto."

"Relaxa um pouco, aproveita essa liberdade. Não é o que você queria?"

"Liberdade entre aspas. Futebol é muito chato."

"Eu gosto de ver um joguinho de vez em quando. Mas sem beber mesmo."

"Palhaço."

"Hehe"

"Antes, meu carcereiro era ela, agora é essa porra aí na minha frente."

"Por que carcereiro?"

"O jogo fica me aprisionando... Não, na verdade me incomodando o tempo inteiro."

"Tenta se concentrar na partida, aproveitar."

"Pra mim não tem sentido essa merda. Agora nada mais tem sentido. Por que eu tô aqui parado?"

A mulher entra na sala: "E aí? Está bom o jogo? Nenhum gol ainda, né?"

Ele silencia o celular. "Nada. Muito chato esse jogo."

"Quer vir pro quarto então?"

"Não, vou assistir mais um pouco."

Ela volta ao quarto e Bernardo percebe, de repente, que está faltando alguma coisa. O jogo já está quase no intervalo. "Claro, a cerveja!" Abre a geladeirinha e pega uma garrafa, dá o primeiro gole, que não desce bem. Lembra de Otávio falando sobre perder o foco.

* * *

Na semana seguinte, Otávio convida Bernardo para um chope depois do trabalho, ele não vai. Também não responde mais às mensagens, embora o celular acuse a leitura. Resolve ligar, Bernardo não atende. No sábado, telefona de novo.
"E aí, tudo bem? Te liguei durante a semana, você viu?"
"Vi, foi mal. Estava meio enrolado."
"Tudo bem com a Clara?"
"Tudo na mais santa paz. Abraço."
"Abraço."
Otávio conhece o amigo há quase vinte anos, já conviveu outras vezes com o jeito introvertido de resolver assuntos que envolvem sentimentos – não ser direto quando está chateado com alguma coisa. Será que a história do álibi futebolístico deu errado? A Clara brigou com ele?
Começa a imaginar que, talvez, o amigo o esteja culpando. Deve ter brigado com a Clara, e ele tem participação nisso. Envia nova mensagem perguntando se está tudo bem. Bernardo lê e não responde. Telefona de novo, nada, decide mandar um e-mail. Para pessoas fechadas como Bernardo, e-mail pode ser um quebra-gelo. Um e-mail curto.

* * *

E-mail de Otávio a Bernardo em 17/09/2014, 22:46:

Bernardo,
Tudo certo? Está sumido, não aparece.
Estive pensando aqui comigo se tem passado por algum problema. Bom, é o seguinte. Bem sabe que tenho você de verdade em meu coração como um grande amigo, que conheço há vinte anos, e quero saber se está bem. Talvez eu tenha feito algo errado, talvez eu possa ajudar.
Um abraço sincero,
Otávio.

"O e-mail não ficou tão curto assim", conclui, já depois de enviar. "Acho que eu estava precisando desabafar essa história."

Na manhã seguinte, Otávio checa sua caixa, nada, nem à noite. Porém, no outro dia, quase à meia-noite, abre o e-mail e dá com a resposta de Bernardo.

E-mail de Bernardo a Otávio em 19/09/2014, 23:34:

Otávio,
Não estou chateado com você. Naquele dia, minha mulher entrou na sala, então parei de responder às mensagens. Tinha até esquecido de beber enquanto assistia ao jogo, e quando fui dar gole não desceu. Então, saí e andei até um bar. Ela reclamou quando eu estava saindo e deixei-a falando sozinha. No bar também estava passando futebol (que merda) e por isso não consegui beber. Fui a outro bar, estava passando esporte também, mas era competição de esqui numas montanhas bonitas. Consegui tomar só uma latinha, com dificuldade. Fui a outro bar, estava passando luta de Vale Tudo, pedi um uísque com gelo e também não descia bem. Perguntei ao garçom, olhando o copo: "Pra quê serve essa porra toda?" "Que

porra?", ele perguntou. "Esporte, bebida, tudo." Ele respondeu: "Ih, meu amigo, pra ficar legal, relaxar". O uísque, a cerveja, não estavam descendo e eu não me sentia bem em lugar nenhum. Já teve essa sensação também, de nenhuma posição ser confortável?
 A luta na TV acabou e puseram em programa de futebol. Então fiquei com raiva de você, da Clara, do trabalho, tudo. Pedi umas cervejas pra levar, cheguei em casa, Clara dormia. Coloquei uma música, lembrei do que o garçom disse, "cerveja é pra ficar de bem". Nada. A bebida era minha única diversão. A história que inventamos do futebol foi como jogar água no meu chope, e agora não tenho mais nenhum relaxamento. Não consigo mais beber nem ouvindo música, fazendo nada, porque não me sinto à vontade. Mas realmente eu estava bebendo muito. É como se eu trabalhasse como um porco o dia inteiro e à noite, não consigo engolir meu calmante. Então, tenho que encontrar outra maneira de me acalmar, porque ficou um vazio.
 Clara já está deitada, vou dormir também. Não fique preocupado, talvez tenha me ajudado de forma indireta.
 Um abraço,
  Bernardo.

 Depois de escrever para o amigo, Bernardo desliga o computador, vai ao quarto e deita. Clara se inclina na cama, levanta a cabeça e olha para ele, que já está de olhos fechados. Fitando o rosto de Bernardo, ela dá um sorriso e o beija na boca e na testa antes de dormir, se sentido bem.
 Bernardo adormece de verdade. Dentro do sonho, as tarefas cotidianas têm um juiz que apita quando alguém comete um deslize. Tropeçar, uma falta. Dirigir e errar o caminho, cobrança de lateral ou escanteio. Passar alguém para trás no trabalho é impedimento. Roubar, ou cometer adultério, pênal-

ti. O futebol não faz sentido para ele. A vida também não. A mulher azedou sua diversão. Peraí, não foi Clara, foi Otávio. No dia seguinte, Clara liga para Otávio e agradece. Quisera também ter amigos bons assim.

Devaneio de poeta

Roberto é poeta, trabalha nos Correios e só exercita sua arte de um jeito não convencional. Cria sofisticados jogos de palavras e rimas para os formulários virtuais que é obrigado a preencher quando quer abrir uma conta num *site* qualquer, no banco, fazer compras, etc.

Fernanda sempre se deu bem em computador. Descia alguns *terabytes* de graça quando ainda era rata da internet. Chegou a ser investigada na primeira ação da Polícia Federal contra esse crime moderno, e hoje trabalha em uma empresa de segurança virtual. Lembrando os tempos de *hacker*, fica sozinha até mais tarde na empresa, brincando de investigar a vida dos outros. Não se sente fazendo nada de errado, porque não vai usar nenhuma informação contra ninguém. É só um passatempo.

Um dia depara com as senhas e respostas de segurança de Roberto. Descobre jogos de palavras curtos e bem elaborados, muito interessante. Roberto mora perto da casa dela. Só quer conhecê-lo melhor.

Fernanda senta na padaria em frente à casa de Roberto. Ele nunca se descreveu fisicamente na internet. Deve ser esse garoto de óculos que saiu do prédio, parece ter uns vinte e tantos. Bonitinho.

Roberto
Já vi essa menina antes. É a segunda vez que fica parada na padaria tomando café, deve morar por aqui. Por que olha pra mim? Estou atrasado.

Fernanda
Hoje vou falar com Roberto. Provavelmente é o garoto magro, branquelo e de óculos da padaria, é bonitinho. Parece meio tímido. Ou então só introspectivo, não sei. Minha ideia foi genial, como sempre. Às nove, temos um encontro.

Às 20h54, Roberto já está posicionado na frente do computador com os documentos ao lado. Há três anos, quase ninguém conhecia os PPPs, só fuxiqueiros como ele. Por que essa história de show só pra quem está cadastrado há mais de três anos? O lugar é muito pequeno, quase uma festa particular. Deve ser um marqueteiro que tramou, tem algum dedo visionário nisso aí. 20h59!

Fernanda
Por que ele frequenta tanto sites que têm formulários de segurança? Só pra criar os jogos de palavras dele? Pra que coisas tão bonitas e ninguém poder ver? Hoje vai responder a algumas perguntas.

A tela do computador
Roberto aperta o botão. Uma caixinha diz que há um ingresso para ele. Clica no próximo *link*. Uma pergunta:
"Como conheceu os 'Poéticas Placas Paulistanas'?"
"Por um jornal virtual – megazine."

Fernanda
Não está respondendo do modo de sempre. Deve ser ansiedade.

A tela
"Qual o nome da primeira música do primeiro disco dos PPPs?"
"Simpáticos RGs."
"Já assistiu a algum show deles?"
"Há uns dois anos, aqui em SP."
"Qual o apelido do guitarrista?"
"Vulgo Carimbo."
"E o nome do vocalista?"
"João Emmanuel Gonçalves."
"Por que você gosta dos PPPs?"

Roberto
Que inferno!

A tela
" ...."
"Hã!?"
"Não quero mais o ingresso."
"Calma, estamos quase lá."
"Isso é uma brincadeira? Tem alguém aí?"

Roberto sai. Para num bar a dois quarteirões. Fernanda imagina que, puto da vida, foi aliviar a cabeça. Procura nos bares mais perto da casa dele, vê Roberto sozinho com uma garrafa de cerveja à frente. Senta-se na mesa ao lado. Pede uma caipirinha e pergunta a ele:

"Você conhece os PPPs?"

"Conheço."

"Sabe se já começaram a vender ingressos pro show deles?"

"Ah, você também é fã?"

"Sou."

"Só pra quem está cadastrado no site."

"Você vai?"

"Não. Tentei comprar e não consegui." Resmunga, agora sem olhar para ela.

Fernanda deixa o dinheiro da caipirinha, levanta e vai embora.

Na noite seguinte, Fernanda já tem hackeado o IP da casa de Roberto. Ele clica em uma notícia de revista alternativa de música, e ela joga a janelinha.

A tela
"Para ler a notícia você deve cadastrar-se no *site*."

Roberto
Puta que o pariu.

Ele preenche os poucos dados pedidos, coloca a mesma senha que já havia criado pra outro site. No fim do cadastro vem uma pergunta de segurança para que ele use a resposta caso esqueça a senha cadastrada.

A tela
"Qual foi seu primeiro bicho de estimação?"
"Uma guitarra."
"Isso não é bicho de estimação."
"É uma brincadeira? Tem alguém aí?"
"Sim."
"Quem é você?"
"Alguém que quer conhecer você melhor."
"Como assim?"
"Estou admirada com seu talento."
"Você é uma *hacker*? Vou denunciar, hein?"
"Na verdade, já fui e hoje só faço de brincadeira. Não vai querer denunciar quando me conhecer."

Roberto desliga o computador e vai pro mesmo bar da véspera. Uns vinte minutos depois, Fernanda aparece. Pendura a bolsa na cadeira e senta-se em frente a ele.
"Quem é você?"
"Eu sou a garota que está aporrinhando você na internet."
"Por que faz isso?"
"As suas senhas e respostas bonitas me fizeram sair do comum, no meio de muita coisa sem graça."
"Por isso quer me conhecer?"
'"Exato."
"O que quer saber de mim?"
"Só conhecer você melhor."
"Minha vida não é interessante."
"Conta alguma coisa de você."
"Eu moro aqui perto, num conjugado."
"Isso eu já sei."
"Trabalho numa agência dos Correios."
"Acha seu trabalho interessante?"

"Não."
"Por que trabalha lá?"
"Era o emprego disponível no concurso."
"O que gostaria de fazer?"
"Poesia."
Roberto fica pensativo. Pede outra cerveja e pergunta: "Por que o seu cabelo é preto de um lado e do outro vermelho?"
"Você nunca viu alguém com o cabelo assim?"
"Você já conseguiu saber um pouco de mim, aliás, sem meu consentimento. Agora é minha vez, então."
"Eu gosto do meu cabelo assim. É um jeito de dizer que não estou muito satisfeita com as coisas."
"Que coisas?"
"O mundo, as relações de poder. Tudo."
"Muito eficiente a sua forma de expressar isso."
"Não seja mau comigo. Eu já fui até investigada pela Polícia Federal, sabia?"
"Por quê?"
"Descia milhões de filmes e discos na internet."
"Vendia?"
"Não. Só pra mim e os amigos da Faculdade."
"Isso é o que eu chamo de subversão."
"Você ainda está sendo mau."
"Você não parecia atraente com aquelas chatices no computador."
"Falei que não ia me denunciar."
Dormiram na casa dela. No dia seguinte, Fernanda entra de novo no computador de Roberto e o convida para o mesmo bar. Ele recusa.
Roberto começa a esboçar um poema à mão, no caderno. Fernanda liga e ele não atende. Na padaria, na manhã seguinte, finge que não a vê. Passam-se uns dias e Roberto

sabe que continua sendo vigiado, mesmo recusando-se a falar com Fernanda. Ela fica curiosa quando não consegue rastreá-lo. Cobra satisfações toda vez que Roberto não está no computador, ele não responde. Uma noite, Fernanda aparece na porta do prédio e grita o nome dele, com raiva. Ele decide ir à polícia.

De manhã, Roberto descreve a ocorrência para o inspetor e ele ri enigmático. Pega o telefone e chama um colega. Enquanto Roberto espera pacientemente, dá outros telefonemas.
O outro inspetor chega.
"Mais uma vítima da Graziela."
O segundo inspetor olha Roberto de cima a baixo e os dois começam a rir.
"Por que vocês estão rindo?" Pergunta, irritado.
"Meu caro, você não é o primeiro e, se colaborar conosco, pode ser o último. O nome dela não é Fernanda, é Graziela. Essa menina é uma gênia da internet, mas é branda. Nunca usou o talento pra desviar dinheiro do banco ou coisa parecida, só que se alguém mal intencionado descobre esse talento é um perigo. A PF já até esteve na cola dela, mas como não deu em nada de maior vulto a garota ficou na nossa alçada. Faz um tempo que queremos dar um susto nela, só precisamos de um flagrante. Você tem alguma prova? Salvou a tela do computador com ela falando com você ou coisa parecida?"
"Não."
"Isso não é problema. É só você produzir o flagrante da próxima vez que ela entrar no seu computador. Ok?"
"Combinado."
Roberto não gostou dos policiais. Sentiu compaixão por Graziela e resolveu que não ia colaborar. Mas na noite seguinte teve uma estranha sensação de que não era mais vigiado.

Resolveu telefonar pelo Skype e ela não atendeu. Passeou na internet, nada. Telefonou de novo, deixou uma mensagem. Foi ao bar, nada de Graziela, ou Fernanda, que seja. Na volta pra casa passou em frente à delegacia onde fizera a ocorrência, e a delegacia também não estava mais lá. Ali sempre existiu uma loja de artigos para bichos de estimação.

Chegando em casa sentou no sofá e ficou olhando o caderno em cima da mesa. Dormiu ali mesmo e teve mais um sonho em que conversava com Fernanda, ou Graziela. De manhã, ao sair para o trabalho, passou em frente à delegacia e o inspetor, que fumava um cigarro, deu um alô para ele.

Então decidiu. Poesia de verdade, sem mais esconder-se. Era o que queria fazer. Agora.

O futuro do planeta

Tem coisas que irritam Gilberto. Como ser obrigado a levantar, andar 40 metros, descer quatro lances de escadas rolantes e caminhar mais 30 metros para, enfim, dar uma tragada num cigarro que já deixou muito da sua graça pelo caminho. Sem mencionar que durante a trajetória foi preciso desviar de hordas de adultos e crianças ávidos por comprar qualquer porcaria até finalmente chegar ao sol, às árvores, à calçada e ao segurança antitabagista que o olha enviesado. Enquanto solta a fumaça, retoma em pensamento o diálogo que fora interrompido no restaurante.

Era dia de apagar a luz. Durante uma hora, pessoas de todo o globo apertariam seus dedos no interruptor, com emoção e lágrimas, por um planeta mais sustentável. Um gesto que lhe provocava repulsa, tanto pela escala como pelo motivo. Primeiro porque quando muita gente pensa a mesma coisa o mundo emburrece. Segundo porque é ingênuo acreditar que a espécie humana, sozinha, pode mudar o curso da natureza pro bem ou pro mal. É o que ele estava tentando explicar a Heloísa no restaurante, antes da vontade de fumar.

Cumprimenta o segurança, enfrenta os consumidores e as escadas rolantes e senta-se de novo à mesa com sua sogra e Heloísa. A comida ainda não chegou e eles voltam a discutir.

"Então... As pessoas não podem ter nenhuma influência sobre o curso natural da Terra. Geólogos que estudam a história durante milhões e até bilhões de anos, as épocas em que ela esfriou ou aqueceu, dizem isso..."

"E têm outros cientistas que dizem o contrário."

"Heloísa... Tudo bem, o planeta está aquecendo. Mas daqui a pouco vai esfriar de novo. Tiveram as eras glaciais, e até as mini-eras glaciais. Você sabia que ali pelo século 18 a Europa virou um gelo só? Que as lendas pra criança, como Branca de Neve, são daquele período e falam dos lagos congelados?"

"Hahaha! Você está citando a Branca de Neve pra me convencer!? Por que você usa esses argumentos? É pra me fazer rir? Gilberto, é por isso que eu gosto de você..."

"O que estou dizendo é que a Terra naturalmente passa por períodos de aquecimento e resfriamento. Já foi comprovado. É muita pretensão as pessoas acharem que têm alguma influência nisso."

"E também está comprovado que a liberação de gases, pelo homem, aqueceu o planeta."

"Não está! Aí é que você se engana. Tem muita gente ganhando seu dinheirinho com a indústria do aquecimento global. Há muito interesse em jogo."

"E do contrário também tem interesse, ué."

"Ah, é? Sabe qual é a maior fonte de liberação de gás do efeito estufa no planeta?"

"O seu cigarro."

"Não. Peido de vaca! Gás metano liberado pelo gado, uma coisa que é: natural."

"Isso não é natural, Gilberto. Foi o homem que desmatou e fez proliferar esse animal."

"Sim! Mas o ponto a que quero chegar é que não faz diferença nenhuma para o planeta. Tem coisas muito maiores envolvidas e que o homem ainda não tem capacidade de entender bem, como eventuais distâncias da Terra em relação ao Sol, os processos geológicos que realmente influenciam o comportamento meteorológico de um jeito muito mais macro, ao longo de milhares de anos. É superficial achar que o homem tem poder pra mudar a temperatura do planeta. Você acha que foram os dinossauros que se autoextinguiram?"

"Pense em um aquário em certo período de tempo."

Pararam de discutir enquanto o garçom servia a comida.

"Pronto, blá blá blá, pensei."

"Você tem ali os peixes e os recursos que servem para eles viverem. Só que eles foram se reproduzindo numa escala que já tornou escassos esses recursos."

"Bom, agora você está falando de outra coisa. Começamos falando do aquecimento, que eu não acho que é por causa do homem. E descambou pra falta de recursos. Tudo bem, em parte da África parece que o fim do mundo já chegou, há muito tempo. Mas não é por falta de recursos. Os recursos existem, mas são concentrados ou aproveitados de um jeito estúpido."

"É lógico que estou falando de recursos, esse é o ponto central pra apagarem a luz por uma hora hoje."

"E apagar a luz e se emocionar com isso vai adiantar grande coisa? É só um truque que as pessoas usam, sem saber, para achar que estão contribuindo. É como ir na igreja se confessar só para se sentir bem, e no dia seguinte cometer os mesmos pecados. Andar de carro, comprar coisas com embalagem de plástico."

"É um dia de conscientização, Gilberto. Não é pra se emocionar. É pra colocar o tema na mídia, trazer discussão sobre isso."

"Eu acho que é pra emocionar."

"Você acha ruim querer cuidar de onde a gente vive? Pra que pagamos faxineira uma vez por semana lá em casa?"

"É, a gente faz isso, usando produtos que descem pelo ralo e vão dar uma poluída por aí."

"Chega! Não dá pra conversar!"

"Vai deixar metade da sua comida aqui? Cadê a sustentabilidade?"

"Vai tomar no cu!"

Ela levantou, atirou o guardanapo na mesa e saiu em disparada, sob atenção das outras mesas. Gilberto olhou preocupado para a sogra, que permaneceu calada e atenta. Fazia mais de dois meses que não vinha visitar a filha no Rio de Janeiro. Virou-se pra ela e disse:

"Espera só um pouco."

Primeiro procurou no banheiro. Bateu na porta do toalete feminino e não teve resposta. Bateu novamente, esperou mais trinta segundos contados no relógio e abriu a porta. O cubículo vazio.

Voltou à mesa. Heloísa havia deixado o celular. Disse à sogra:

"Espera só mais um pouco, que vou procurar melhor."

Saiu do restaurante e começou a busca pelo shopping. Percorreu todo o quarto piso e a varanda. Desceu para o terceiro piso, o segundo e o primeiro, nada. Na rua, o mesmo segurança acenou para ele. Voltou para a escada rolante, andando com pressa em zigue-zague para desviar das pessoas.

Pensou na sogra que já esperava há mais de vinte minutos. Pensou que Heloísa provavelmente já voltara à mesa. Na escada rolante refez seus argumentos, que agora para ele não faziam mais muito sentido, como também não faziam os de Heloísa. Duas pessoas que só estudaram ciências da Terra no colégio apelando para os respectivos bons sensos. E que bons sensos eram esses?

Ao chegar no restaurante, Heloísa não estava lá. Só a sogra, com olhar triste e cansado.

"Acho que ela pegou um táxi."

Quando levantou, notou que a chave do carro não estava na mesa. Procurou nos bolsos e não achou. Pagou a conta, foram à garagem, o carro não estava lá.

"Vamos pegar um táxi."

A sogra continuou calada no retorno para casa. Mesmo em situação como essa, ela só se comunicava com a expressão facial. O contrário de Heloísa, que fazia tudo para não perder uma disputa. Sua mulher era como um atirador de elite sempre com a metralhadora apoiada à frente, pronta a fuzilar ao menor sinal de divergência. Pensando bem, a sogra não era muito diferente, mas os ataques dela não produziam barulho.

Chegaram em casa e, quando Gilberto abriu a porta do quarto, Heloísa, já deitada, disse de um jeito enigmático:

"Hoje, no restaurante, você me convenceu."

Em seguida, virou-se e dormiu. Gilberto foi à cozinha, comunicou à sogra que estava tudo bem, deu boa noite e também foi deitar, bem cedo. Na cama, voltou a pensar sobre o futuro do planeta. Terminou por divagar em pensamento sobre as discussões com Heloísa, em que sempre saía derrotado. Lembrou-se de que havia planejado esse diálogo e que a presença da sogra era estratégica. A vingança perfeita de todos os embates que ela ganhara seria uma bela derrota em que Heloísa perderia a cabeça, com público. Nada melhor que um público que permanecia sempre calado, como a sogra. Dormiu contente e vitorioso.

No dia seguinte, como sempre, Heloísa saiu mais cedo pro trabalho. Depois de se levantar, Gilberto procurou pela chave do carro e, igual à véspera no restaurante, não a encontrou. Como o carro não estava na garagem, telefonou para Heloísa, que disse:

"Oi, querido. Tudo bem?"

"Tudo bem, amor."

"Escuta, cansei de andar de metrô todo dia. Vou passar a vir de carro pro trabalho, está bem?"

"Sério?"

"Sim. Deixei o cartão do metrô em cima da bancada pra você passar a usar agora. Beijinho."

"Ok. Beijinho."

Em segredo, Gilberto concordava que se deslocar para o trabalho de transporte público era melhor para a cidade.

O aviador

Não era nem meio dia, eles já falando aquelas coisas inúteis. Brincadeiras sem graça, repetitivas, de homem. Ela queria gravar o marido pra mostrar quão boçal ele ficava bebendo com os amigos no bar.
"Quer que deixe a chave aqui?"
"Não, querida, vá lá."
"Um beijão, Rosa. Vá com Deus", despediu-se Osvaldo. Aquele ali, disparado, era o mais chato de todos. Rosa não conseguiu nem responder.
"Vou lá resolver minhas coisas e depois passo aqui. Olha a minha bolsa", disse a Geraldo, que só resmungou à esposa: "Tchau."
Agora, finalmente, ele podia contar aos amigos do bar a história. Pediu mais uma cerveja pra acompanhar a garrafa de cachaça, ainda pela metade. O barulho dos carros não chegava a atrapalhar a conversa.
"Pronto, Geraldo. Agora conta."
"Vocês sabiam que eu era aviador quando mais novo, antes de abrir o bar?"

"Já ouvimos você se gabando disso."

"Era sobre o que eu ia falar naquele dia. Sabem que há um mês encontrei uma pequena que saía comigo na época?"

"Que tem isso, Geraldo?"

"Vai me acompanhando que vou chegar lá."

"Conta logo."

"Há uns vinte anos, logo que tirei o brevê, apareceu uma oportunidade pra trabalhar fazendo propaganda. Esses aviões que voam em frente à praia levando cartazes. Todo sábado e domingo de sol eu saía do aeroporto de Jacarepaguá. Coca-Cola, Gillete, Pan Am, carreguei essas e mais outras centenas de multinacionais nas costas. Pois bem, mês passado eu voei de novo."

"O avião não caiu com essa barriga?"

"Eu estou falando sério."

"Foi com a tal pequena?"

"Calma."

Geraldo chamou o garçom e mandou servir duas cervejas por conta.

"O nome dela é Bebete. Fiquei perdido, apaixonado."

"Nome ou apelido? Caiu por ela mês passado ou quando tinha 20 anos?"

"Nome. Aos 20, claro."

"Do avião?"

"Claro que não. Agora deixa eu contar. Eu quase namorei a moça. Ela morava numa ladeira da Niemeyer e eu dava uns rasantes bem perto quando vinha do céu de São Conrado, torcendo pra que me visse. Não adiantou."

"Por quê?"

"Não sei. Essas coisas de mulher, não tem explicação. Então, eu estava na Cadeg mês passado pra comprar umas coisas. Uma voz leve me chamou e a vi me olhando com os mesmos olhos meio puxados. Estava com vestido de alça, linda."

"Então, ela continua bonita."

"Ficou toda surpresa quando me encontrou. Sentamos no restaurante perto da floricultura. Contei que comprei o bar e ela disse que casou, separou e agora está solteira, morando com a mãe. Falei que ia na floricultura comprar um negócio pra ela."

"Deu flores assim de primeira?"

"Não. Ela disse, com um jeito doce, que seria cafona. Mas pediu outra coisa."

"O quê?"

"Me puxou bem perto, eu curvei. Veio no meu ouvido, quase soprando: 'Eu quero que você voe pra mim, como antes'."

O garçom trouxe outra garrafa de cerveja.

"Caramba, que mulher pra frente."

"Então, falei para ela ir à praia de São Conrado no sábado, 11 horas, beira d'água. Com sol, nuvem ou chuva. E ela, a mesma voz doce, quase sussurrou: 'Não vai ser surpresa, Geraldo. Sei que vai voar pra mim'."

"Essa mulher é demais..."

"Bom, depois imaginem a trabalheira para providenciar tudo. Primeiro porque o brevê já tinha vencido há mais de dez anos. E pra arranjar o avião?"

"Como fez?"

"Tenho um amigo daquela época que ainda voa."

"Ele voou pra você?"

"Claro que não, mané. Depois que passamos pela fiscalização em Jacarepaguá e entramos no avião, a gente trocou."

"Ele tem avião?"

"Não. Ainda faz voo de propaganda."

"Como ela ia saber que era você, de longe?"

A cachaça e a cerveja já faziam seu trabalho. Ficou mais difícil concentrar-se na história, mas Geraldo continuou.

"Eu havia falado da dificuldade do brevê e de arranjar avião, mas não do verdadeiro problema. Para conquistá-la mesmo e ter certeza de que saberia que era eu no avião, caso não conseguisse dar o rasante, precisava de uma ideia brilhante. Daí, pensei nos cartazes da publicidade.

"Com o seu nome?"

"Não. Foi muito difícil porque faltavam poucos dias. O cara da gráfica disse que não dava mais tempo. Eu não podia adiar o compromisso, senão ela acabava desistindo. Fui em mais duas gráficas e também não dava. Na última, dei um bom dinheiro na mão do rapaz e falei: 'dá um jeito'."

"Ele entregou?"

"No dia marcado, uma hora antes. Aqui em Madureira."

"O cartaz coube no carro?"

"Claro. É só enrolar e deitar o banco do carona."

"Foi caro?"

"Muito, mas valia a pena."

"Deu tempo de chegar lá?"

"Não. Tinha acontecido um acidente na Linha Amarela. Fiquei uma hora e meia no trânsito e cheguei no aeroporto pingando de suar de nervoso, porque meu nome e a profissão estavam em jogo."

"Profissão?"

"Ela não sabia que eu não era mais piloto. Eu havia dito que o bar era bico. Meu amigo ainda estava esperando e perguntou se não queria que ele pilotasse. 'Não mesmo. E se ela perceber que não sou eu?', eu disse. Ele falou que ela não ia ver. Eu não sabia se ela ainda estaria na praia. Ainda bem que pilotei, porque pude passar bem perto e lá estava a Bebete, morena, com o cabelo ondulado escorrido, de biquíni vermelho. Tinha acabado de mergulhar, ainda estava molhada."

"Viu você?"

"Claro. Acenou e mandou beijos."

"Que estava escrito no cartaz?"

"Voo para Bebete, a mulher mais linda."

"Coube?"

"Abreviando o "para", coube.

"E depois, vocês se encontraram?..."

Nesse ponto, a gravação terminava. "Essas maquininhas de hoje são uma maravilha, pena que a bateria dure tão pouco", pensou Rosa. Tirou o fone do ouvido e, de repente, uma risada demorada tomou conta dela. Entrou no quarto. Geraldo dormia profundamente. "Que gaiato", pensou.

Ele andava estranho, contando menos mentiras, por isso a suspeita. Mas na gravação ouviu o marido por inteiro, que nunca conseguia mentir porque era impossível acreditar. O tom de voz denunciava.

Deu um beijo nele e dormiu. Sonhou com peripécias pelos céus da Floresta da Tijuca, Pico do Papagaio, Pedra da Gávea, a areia de São Conrado. Só o marido conseguia fazê-la dormir embalada nessas aventuras, ninguém mais. De vez em quando, Geraldo dizia que queria aprender a voar.

Era mentira. Mas agora ela ia cobrar.

A pedra portuguesa

Em uma noite de setembro, Paulo saiu de seu prédio e entre a portaria e o táxi deu uma topada forte numa pedra portuguesa mal colocada. Ele ia para a celebração do casamento de um amigo do trabalho. A festa onde conheceria Renata, a mulher com quem ficaria casado por mais de quarenta anos. Com ela, teria três filhos, que lhe dariam cinco netos, os quais por sua vez teriam mais sete filhos, e por aí vai.

A festa seria das melhores, num lugar agradável, música boa, pessoas de humor idem. Lá pela metade da noite, durante uma canção mais lenta, "Moonlight Serenade", e após pegar um copo de whisky, Paulo avistaria Renata sentada sozinha, com a pequena bolsa em cima da mesa. Ele caminharia até ela e perguntaria por que estava sozinha. Renata diria para ele:

"Gosto de ficar sozinha."

A resposta, caso ele estivesse sóbrio, seria a deixa para sair de perto dela. Mas, depois da quinta dose de whisky, soaria como provocação vinda de uma mulher atraente e com olhar enigmático. Paulo sentaria na cadeira ao lado, e Renata temeria por um segundo que fosse mais um bêbado chato qualquer, embora bonito.

Seria o primeiro de cerca de setenta mil diálogos que teriam até a morte de um deles, que interromperia o amor de mais de quarenta anos que teriam em vida.

A união seria marcada por altos e baixos, como quase todos os casamentos. Milhões de alegrias e preocupações com os filhos, como os têm todos os pais. Fariam muitas viagens juntos, e envelheceriam com a sensação de que o tempo só fez com que aprendessem a conviver melhor.

Os dois dividiriam angústias e conquistas de trabalho de ambos, se ajudariam em momentos difíceis, ficariam felizes com os êxitos do outro, e, principalmente, se sentiriam preenchidos mutuamente.

Porém, nada disso aconteceu – a topada de Paulo na pedra portuguesa foi tão forte que ele sofreu uma baita fratura no dedão e também teve que levar três pontos. Em vez de casamento, passou umas horas no hospital.

Será que Paulo e Renata terão outra oportunidade de se conhecer? E caso ocorra, as circunstâncias permitirão o acasalamento? Difícil dizer. O previsível é que, caso não venham a se conhecer, seus filhos, netos, bisnetos, caso os tenham, terão todos uma cara diferente.

Porém, talvez, a vida deles não mude tanto assim. Será?

Uns meses depois, Renata e Paulo tiveram nova oportunidade. Renata era amiga de infância de Lúcia, a esposa de Geraldo, o amigo de Paulo que havia se casado sem a presença dele. E que agora dava uma festa de *open house* no novo apartamento deles. É claro que Lúcia convidou Renata para a festa. E Geraldo convidou Paulo.

No caminho entre a portaria e o táxi, Renata deu um bico numa pedra portuguesa mal colocada. Porém, a pedra apenas se deslocou para o lado e, protegido pela ponta do sapato, muito dura, o pé de Renata nada sofreu. Ela seguiu e entrou no táxi, que parou na frente do novo prédio de Lúcia e Geraldo.

O apartamento tinha uma espécie de varanda que mais parecia um quintal, voltada para a mata de um morro próximo. Muita gente na festa. Depois de pegar uma cerveja, Paulo deu uma circulada e concluiu que Renata era a mulher mais bonita naquela noite. Mas, desde a adolescência, ele era um conquistador tímido, que esperava primeiro a confirmação de uma troca de olhar para, então, chegar junto de alguma mulher que o interessasse.

A noite inteira tentou esbarrar a vista com Renata, mas em momento algum ela deu a confirmação que ele precisava. Nenhum sinal. Paulo bebeu muito pouco durante a festa, porque se curava de uma gripe. Portanto, faltava-lhe coragem de encarar uma possível negativa por parte dela. Mas, no fim da noite, poucas pessoas na sala e na cozinha, e ela sozinha debruçada no parapeito que dava pra mata, ele conseguiu vencer a timidez e foi em frente.

"Olá. Tudo bem?"

"Tudo."

"Você se chama Renata, né? Vi as pessoas chamando assim."

"Isso."

"Por que está aí, sozinha?"

"Gosto de ficar sozinha."

"Bom, então posso ir lá dentro pegar uma bebida pra você. Enquanto isso, fica sozinha."

Enquanto ele dizia isso, ela olhou na direção do chão e percebeu que o chute na pedra portuguesa havia arranhado o sapato novo.

"..."

"Isso tudo é sono, já?"

"Sim. Me deixe sozinha, por favor."

Paulo saiu da festa frustrado. Na verdade, arrasado, porque não gostava de levar fora. Estranhamente, antes de falar com Renata tinha certeza de que a conquistaria. A confiança que sempre era proporcionada pela bebida e pela confirmação do olhar ele teve, por intuição, antes de falar com ela. Sentia como se já fosse íntimo daquela mulher que, de um jeito estranho, o despachou, trucidando sua intuição certeira. Mas, no dia seguinte, ele acordaria bem, de novo.

Renata, alguns dias depois, comentaria com Lúcia sobre o homem que a abordara no fim da festa. Bonito, mas meio sem jeito. E Lúcia diria:

"Ih, Renata, não passa de um mulherengo, como todos os amigos solteiros do Geraldo. Pode esquecer esse aí."

E foi assim que Renata e Paulo nunca mais se encontraram. Mas isso não teria importância na vida deles.

Bola pra frente.

A Guerra da Córsega

De fato, qual seria a diferença entre um russo que luta contra um representante dos aliados e oitenta mil que lutam contra oitenta mil? [...] Das duas, uma: ou a guerra é loucura, ou as pessoas, por praticarem essa loucura, não são absolutamente seres racionais como costumamos pensar sabe-se lá por quê.
Trecho de "Sebastopol em Maio", de Liev Tolstói.

Duas horas para o início da partida. Não se tratava da final do campeonato nacional, nem decisão da Copa do Mundo. Era mais importante. O jogo seria em Genebra, Suíça, país há muito conhecido por neutralidades. Pela primeira vez uma questão crucial – a anexação ou não do território corso à Itália – teria sua decisão no gramado.

Pessoas do mundo inteiro, não só franceses e italianos, sentaram-se atentas à frente da tela. Além desses países, havia dois tipos de telespectadores: quem torcesse por França ou Itália e aqueles que só queriam que tudo corresse bem, independente do resultado. Entre eles os estrategistas da ONU que idealizaram que as coisas fossem, a partir de agora, resolvidas dessa forma.

Eles sabiam que o que estava em questão era também a reputação e o futuro da organização, que ganhara mais poder e importância nos últimos anos, culminando na assembleia em que o impasse na votação dos países-membros delegara a seus estrategistas a decisão sobre as futuras guerras pacíficas. Finalmente a ONU alcançara o status de árbitro mundial que, embora sempre tenha sido de fato sua missão, só agora conseguira realizá-lo. Era como se, em vez das Nações Unidas organizadas, fosse uma entidade abstrata, independente e cheia de poderes. Seu teste maior seria no gramado do *Stade de Genève*.

Conhecida como a "Ilha da Beleza", a Córsega tem lindas praias e falésias, montanhas com neve, corredeiras e cachoeiras, história pendurada em penhascos sobre o mar. Durante milênios, essa ilha esteve sob domínio de diversos povos – fenícios, gregos, romanos, mouros, bizantinos e outros –, inclusive dos próprios corsos, até que os franceses a tomaram dos genoveses depois de oficializar o fato no Tratado de Versalhes, há uns 250 anos. E agora os italianos queriam a Córsega para si, alegando que estava mais próxima do seu território.

Nas reuniões da ONU, muito se especulou sobre a natureza da disputa pacífica. Primeiro, a sugestão de que o conflito continuasse a ser violento, porém com exércitos de poucos soldados em ambos os lados, no máximo 30. Mas seria cruel sacrificar tão poucos por tão muitos. Veio a ideia da guerra pacífica, que poderia ser decidida, talvez, no pôquer. Porém, no carteado a questão do mérito poderia ficar prejudicada por envolver, em bom grau, a sorte.

Um estrategista sugeriu o pugilismo ou o MMA, mas muitos concluíram que essas lutas poderiam levar os jogadores às últimas consequências devido à importância da competição. A briga pela Córsega talvez levaria até à morte de um dos dois, o que seria brutal.

Por fim, ficou decidido que a melhor maneira de disputar seria uma boa partida de futebol. França e Itália, com tradição entre as quatro linhas, ironicamente uniram-se antes da batalha, defenderam o futebol e, depois, comemoraram a resolução. Representantes de países como os EUA e a China protestaram porque não possuíam muita prática no esporte. Mas essas nações já não gozavam da mesma força geopolítica do passado e, além disso, a Córsega seria apenas a primeira disputa sem violência. Em futuras guerras, poderia haver outra modalidade. Quem sabe um dia uma questão, por exemplo, entre China e EUA, não poderia ser decidida no vôlei?

Os corsos não assistiram pacatos ao desenrolar dos fatos. Um político separacionista, aproveitando a discussão, mobilizou protestos nas cidades mais importantes para que a Córsega finalmente voltasse a ser independente, como já o fora em poucos períodos da história. Porém, a população na Córsega se via dividida entre aqueles que queriam continuar sendo franceses, os que pleiteavam virar italianos e os separatistas. Mas as queixas não foram adiante.

A "Guerra" no gramado seria realizada poucos meses antes das eleições para presidente na Itália, cujo candidato majoritário, do mesmo partido que o atual governante, defendia a anexação do território corso, enquanto o opositor não se manifestava abertamente sobre o tema. Em Paris, o presidente prometia que os franceses nunca perderiam a Córsega, e sua seleção treinava sem descanso para ser a melhor do planeta.

França e Itália não estiveram nem na semifinal da Copa do Mundo realizada meses antes, enviaram seleções de segunda linha para o torneio, já focando todos os esforços na batalha. Países que apoiavam a Itália concordaram em realizar amistosos com os italianos sem cobrar por isso, o mesmo acontecendo com a França, o que contribuiu para a Copa do Mundo perder boa parte de seu público. Analistas de futebol diziam que o próximo torneio mundial perderia importância e, devido às guerras, acabaria sendo encarado quase como amistoso. Seria como jogar uma partida de pôquer sem valer dinheiro.

A guerra não permitia patrocínio. Veicular marcas ou fazer propaganda era considerado crime de guerra, cuja punição para o país seria um gol contra e, para o patrocinador, multa de valor simbólico: três bilhões de euros, porque em tese ninguém poderia pagar. O jogo seria filmado e veiculado por empresa contratada pela ONU e não teria propaganda comercial. Essa última decisão trouxe polêmica porque poderia favorecer marcas pequenas, que não tinham nada a perder e dariam um jeito de fazer propaganda pirata. Mas o *lobby* das grandes marcas perdeu. E no estádio, estariam presentes apenas pessoas independentes envolvidas com a decisão, na maior parte profissionais das Nações Unidas.

A França, a princípio, fora contra o futebol, argumentando inclusive que pessoas de todos os países passariam a torcer pelas guerras, só pela oportunidade de sentar no sofá, beber cerveja e assistir a um jogo muito emocionante. Mas o protesto francês não teve apoio devido à impopularidade e o presidente, vendo que a causa era perdida, voltou atrás e passou a defender o jogo, junto com o governo italiano.

Às 16h30 do dia 15 de outubro, o árbitro da ONU deu início à partida. Os primeiros trinta minutos foram muito chatos. Jogadores apenas se estudavam e ambos os lados adotavam estratégia extremamente defensiva. Nos últimos 15 minutos do primeiro tempo, dois chutes a gol da França e um da Itália, todos para fora. Mas era como se os adversários se respeitassem muito, parecendo uma trégua inicial.

Em casa, os telespectadores diziam que a culpa do jogo ruim era do árbitro, que em qualquer bola dividida marcava faltas. Um estrategista da ONU, assistindo ao jogo na tribuna do estádio, comentou com um colega que talvez fosse interessante que na próxima batalha os times acumulassem pontos de acordo com maior posse de bola, ou chutes a gol. O outro retrucou que, embora a hipótese talvez proporcionasse maior mérito, seria uma agressão às regras do futebol. O primeiro então defendeu que, ali, o importante não era a emoção, que envolvia sorte ou azar, e sim a justiça decidida pela qualidade de cada combatente. "Mas quem vai apoiar uma decisão que não tenha emoção, ora?", argumentou o outro. "Magnífica defesa!", interrompeu o primeiro, no primeiro lance de real perigo, da França. O outro concordou.

Mas a partida deixava mesmo a desejar. Era como se os jogadores temessem o confronto e não encarassem o *front*, como sempre acontecia no início dos conflitos anteriores à Primeira Guerra Mundial, ainda na época do corpo a corpo, o que fez um comentarista questionar se, nos combates, temia-se mais pela derrota ou pela própria vida. O fato é que alguns jogadores tremiam em campo. O jogo terminou em zero a zero.

Na decisão por pênaltis, a França liquidou a Itália em 3x2. Após a partida, o governo italiano tentou recorrer, mas já estava decidido que a Córsega seria mantida em território francês.

Meses depois, EUA e China precisaram resolver um impasse comercial e foi marcada uma partida de vôlei. Embora ambos os países concordassem, houve protestos de outras nações. Uns diziam que o esporte deveria ser solução apenas em última instância, senão ficaria banalizado, assim como a violência também fora banalizada antes dos conflitos pacíficos.

Nos quatro anos seguintes, dezenas de questões comerciais ou de território foram decididas no esporte, no tempo chamado de época de ouro da Organização das Nações Unidas. Porém, em uma das batalhas, decidida no hóquei no gelo por envolver países escandinavos, um dos países sentiu-se gravemente lesado pelo árbitro, o que gerou violência no próprio campo de gelo, com uma morte.

A violência não calou o país que se sentia injustiçado, e uma onda de inconformismo se espalhou por outros países que haviam perdido disputas anteriores. Em batalha realizada no Leste Europeu, uma multidão invadiu o estádio e houve enorme pancadaria. A força de segurança precisou contê-los com bombas de gás lacrimogêneo, cassetetes e tiros para o alto, em um cenário que se repetiria por jogos seguintes.

Como era de se esperar, com o crescente fracasso das guerras esportivas a ONU foi perdendo sua força política e cedendo espaço, novamente, à voz do mais forte, ou seja, de países mais ricos e poderosos. Contribuía também para o insucesso da ONU a pressão constante de multinacionais para que os jogos contassem com patrocínio publicitário, além do lobby de grandes emissoras de TV por serem donas da transmissão. Na época, se teve notícia da primeira disputa oficial não esportiva entre dois países. No tempo das disputas pacíficas, as bombas e chacinas se atribuíram apenas a grupos terroristas sem ligação comprovada com algum estado oficial, reconhecido pela ONU. Mas, depois de cinco anos, uma grande nação realizou o primeiro bombardeio com derramamento de sangue de civis, contra um país mais fraco, porém considerado de grande perigo. E outras guerras se sucederam, tornando o planeta, de novo, oficialmente mais violento.

Dessa forma, depois do breve hiato, tudo foi voltando ao normal.

E a Copa do Mundo e as Olimpíadas, com o passar dos anos, retomaram seu lugar como grandes festas esportivas e, também, sem fins geopolíticos que não para reforçar a importância dos países e das marcas patrocinadoras.

Manutenção

    Primeiro, silêncio. Um pouco de paz. Então, o ronco. Oscilação rápida e contínua de engrenagens banhadas em óleo velho, pastoso. Quatro ou cinco segundos, e depois a brisa surda, sucedida de novo pela máquina operante, e mais uma vez brisa surda. Um motor que descansa exalando vento e volta a operar. Máquina de conservação e reparação.
    É som que está ali só para existir, não precisa de significado. Sentido tem o sistema de entretenimento, que começa a projetar filmes autobiográficos, histórias futuras, realização de desejos, lembranças distorcidas da infância. Hoje não é dia de terror ou frustração. Também não pode haver passagens que provoquem turbulências ou impressões de quedas bruscas. A ordem, que ninguém sabe de onde vem, é pacificar. A semana foi intensa.
    Uma forte luz natural invade e ofusca a projeção, tomando seu lugar na tela. Um pouco de sabonete phebo preto, merenda, short adidas azul. E some a infância, porque o continente ora se movimenta.

Ele acorda com o próprio ronco da máquina. A passagem do sistema de entretenimento inconsciente para a percepção ao redor é como o ar entre a passarela e o vagão quando pulando para dentro do metrô. Gerúndio por um segundo infinito. "Sacolé a dois reais!" Abre o olho. "Olha o mate!"

Fernando não sabe o que é sacolé, mate, não sabe de nada, porque o hiato dura mais que o normal. O intervalo – entre a projeção elaborada (por quem?) para entreter durante a manutenção de seus mecanismos físicos e/ou químicos e o que virá depois – o deixa sem compreender nada de sua existência e dos outros, de tudo.

Algo estranho e cheio de dentes está ali à sua frente, próximo de seu rosto. Peraí, agora me recobrei. O nada já sumiu. A mulher, que olha e sorri. "Recuperado?", ela pergunta. Fernando esfrega os olhos e acha que sim. Como já é consciente de tudo à volta, pode pensar em nada sem ser um nada, entende à sua maneira o nada. O aparente nada que o fez recuperar-se do cansaço. É claro que sim, com certeza é uma nova pessoa. *Desculpem os jantares caros, os carros novos, a moda, o consumo que grita, carente, mas agora sim.*

É hora de levantar, recolher a canga, as cadeiras, o lixo. Ergue-se com um pouco de dificuldade, os dois andam até a barraca e pagam o que devem. Fernando procura na mochila a chave do carro. "Não viemos de carro, lembra?"

Lembra de novo do trabalho na manhã de sábado, a intensidade frenética da semana. Caminham até a estação de aluguel de bicicletas, por sorte há duas em bom estado. Bem conservadas, como ele, agora. O barulho do mar ainda entra nos ouvidos para acariciá-lo.

"Aquele e-mail... Esqueci de enviar!" "Manda na segunda-feira, amor." "É. Você tem razão..."

Cada um sobe em sua bicicleta. Começam a pedalar pela ciclovia, invadem o bairro e ganham a lagoa. Seguindo devagar, observam as árvores e montanhas que já começam a ganhar tons rosados, acompanhando os cantos do céu.

Um cinema mais tarde. Talvez.

O fim das inversões

"Ouviram do Ipiranga as margens plácidas, de um povo heroico o brado retumbante", enunciou o professor. "Fale na ordem direta, Teresinha."

"Um povo heroico ouviu o brado retumbante nas margens plácidas..."

"Já começou equivocada. Júlio, tenta você."

"As margens plácidas ouviram o brado do Ipiranga..."

"Começou bem, mas escorregou."

"Como podem as margens, se não têm orelha, ouvir alguma coisa?", perguntou outro aluno.

A turma riu.

"Gabriel, você acabou de fazer, sem querer, um hipérbato. Agora expliquem. Alguém se candidata?"

"O Gabriel fez piada com o fato das margens de um rio não terem orelha. Portanto, não poderiam ouvir o tal grito do próprio Ipiranga."

O professor foi para casa amuado. Por que os alunos não conseguiam entender as inversões? Provavelmente só sabiam escrever no *Facebook*. Mas era uma das melhores turmas que já tivera, não ia desistir. Debruçou-se sobre a gramática e leu com atenção as definições que já sabia de cor. Não foi suficiente. Devia existir alguma razão pra garotada de hoje não internalizar conceitos como hipérbato, anástrofe, prolepse e sínquise. A resposta não era puramente gramatical. Era, isto sim, comportamental.

Pegou um livro da época em que cursara a licenciatura, sobre psicologia para alunos do ensino médio. Nada, nenhuma conclusão. Foi dormir desolado.

Então, teve um sonho estranho. A sua classe, vestida a caráter como para alguma festa chique, só falava usando inversões. Não, na verdade eles não estavam vestidos a caráter. Parecia uma festa a fantasia, mas também não era isso. Percebeu que havia voltado no tempo. Os meninos e meninas tinham trajes de adolescentes do século dezenove.

Acordou com o hino do Flamengo na cabeça: "Flamengo sempre eu hei de ser!", que emendou em uma parte do hino da independência do Brasil: "Já podeis da pátria filhos, ver contente a mãe gentil!" Os hinos cheios de inversões não saíam da cabeça. Só conseguia, que espanto, por inversões agora pensar?

De uma coisa, certeza tinha. Pendulavam em sua cabeça situações de mais de cem anos atrás.

"Sabe onde minha carteira enfiei?", perguntou à mulher.
"Em cima da cabeceira, ali. Você fechou-a ao avesso."
"Agradecido. Muito."

Rumou à Biblioteca Nacional e pôs-se a pesquisar vorazmente sobre comportamento no século dezenove. Saiu de lá sem compreender, desceu as escadas e, quando atravessava a rua, teve um *insight*. O sonho com a turma teria sido o inconsciente querendo dizer uma coisa a ele. As inversões eram abundantes até o começo do século vinte. Depois foram ficando cada vez mais esparsas e hoje, na era da cultura das redes sociais, têm os dias contados. Comunicar-se, atualmente, é reduzir dez palavras a duas. Até uma. Os alunos não entendem o tema porque tiveram pouco contato, mesmo indireto, com a grande era das inversões e dos hinos patrióticos e mais tarde dos clubes de futebol. Nesse contexto, é impossível qualquer complexidade gramatical. É o fim das inversões!

Chegando à escola, foi direto à sala da direção e disse, bem alto e impostado:

"As margens plácidas do Ipiranga ouviram o brado retumbante de um povo heroico!"

"Hã?!?", indagou o diretor.

"AS MARGENS PLÁCIDAS DO IPIRANGA OUVIRAM O BRADO RETUMBANTE DE UM POVO HEROICO!"

O diretor ouviu novamente, coçou a cabeça e concordou. Depois, deu ao mestre uma semana de dispensa por estresse.